인생의
무기가
되는
사기

슬기로운 동양고전

# 인생의 무기가 되는 史 사기

김세중 편저

배우고 익히면 즐거움이 터진다
지혜가 꼬리를 무는 인생 공부

스타북스

# 삼천년 역사를 관통하여 축적된 지혜

역사는 돌고 돈다. 『사기』는 중국천하를 관통하는 역사의 지혜가 집약되어 지금까지도 살아서 우리의 삶에 도움을 주는 가장 실용적이고 검증된 자기계발서라 할 수 있으며, 우리가 자주 쓰는 고사성어의 보물창고이기도 하다.

이 책『인생의 무기가 되는 사기』는 중국 역사의 축적된 삶의 지혜 77편을 선정하여 그 의미와 역사적 사례를 이야기로 정리하여 재미를 더했다.

아무리 훌륭한 예술가라 하더라도 삶의 모든 순간을 예술가의 모습으로 살 수는 없다. 이들이 역사에 길이 남을 위대한 업적을 이룩

했다면, 대개는 순간의 영감에서 비롯된 것이다. 이와 마찬가지로 아무리 유명한 명저라 하더라도 그 안의 모든 구절이 명언일 수는 없다. 진정한 의미에서 '정수'라 할 수 있는 부분은 그 안의 아주 작은 한 부분으로, 어쩌면 단 몇 구절에 지나지 않을 수도 있다.

　우리는 이것을 명언이라고 부른다. 비록 몇 구절에 지나지 않지만 그 작품의 지혜를 함축하고 있고, 작가의 창작 영감이 최고도로 응집된 결정체라 할 수 있다. 또 이러한 이유로 대대로 전해 내려오며 많은 사람에게 깨우침을 주고 사고의 폭을 넓혀준다. 그 가치는 실로 평범한 책 수백 수천 권을 읽는 것, 심지어는 그 구절이 포함된 책 자체를 능가한다.

　이런 의미에서 우리는 역대 중국 고전 가운데 가장 널리 전파된 명저 속에서 엄격하게 심사하여 선정한, 많은 사람에게 회자되는 명언을 독자에게 헌정한다. 독자들은 이를 통해 생활 속에서 쉽게 만날 수 있는 명언의 유래와 배경을 알 수 있다. 명언은 원문 자체가 그리 어렵지는 않아도 더 쉽고 이해하기 좋은 말로 설명을 덧붙였다. 그래서 원문의 뜻을 정확히 알고 동시에 명언과 관련된 배경 지식을 습득함으로써 명언을 한층 더 깊이 이해할 수 있다.


왼손에는 『사기』, 오른손에는 『삼국지』를 들어라

사람들에게 감동을 주는 모든 문구는 그 뒤에 절절한 사연이 있으며 변화무쌍한 이야기는 작은 사건들이 복잡하게 얽혀 비로소 완성된 것이므로 자세한 부연 설명이 필요하다. 이와 마찬가지로 명언의 뒤에도 사람의 마음을 움직이는 이야기들이 숨어 있다. 또한 명언과 관련한 배경과 자세한 이야기를 들려준다. 이 부분에서는 명언 뒤에 숨겨진 역사적 배경 속으로 독자를 안내해 명언의 의미를 생생하게 이해할 수 있도록 도와준다.

명언은 역사 변화의 증거이자 문화의 축적으로써 각기 다른 시공에서 중국 민족의 경험과 지혜를 융합해 중국인의 자연·사회·역사·인생 등을 이해하고 고찰할 수 있도록 해준다. 이런 이해와 고찰 없이 명언을 완벽히 이해한다는 것은 아마도 불가능할 것이다. '명언의 역사적 사례'에서는 셀 수 없을 만큼 많은 고전 사서 중에서 가장 적합한 이야기를 선정해 명언을 생동감 있게 표현했다.

이 시리즈 '왼손에는 『사기』, 오른손에는 『삼국지』를 들어라'는 『인생의 무기가 되는 삼국지』와 함께 감상적 측면과 실용적 측면을 모두 충족시키는 명언의 집대성으로, 독자들이 비교적 짧은 시간 안에 고전 명작의 정수를 이해할 수 있도록 했다. 편집 단계에서 자료의 정확성에 초점을 맞추기는 했지만 독자의 흥미 유발도 간과하지는 않았다. 독자는 명언의 기초적 이해를 바탕으로 심층적 이해를 통해 한 층 더 높은 경지를 경험하는 기쁨을 직접 느낄 수 있을 것이다.

# 차례

## ②
# 길에서 만나면 눈짓으로 말을 한다

## ③
# 덕에 있지 지형의 험준함에 있지 않다

## ④
## 섶 위에서 잠을 자고 쓸개를 핥는다

# ⑦

# 배수진을 치고 죽음을 담보하고 싸우다

인생의
무기가
되는
사기

지도가
펼쳐지자
비수가
드러나다

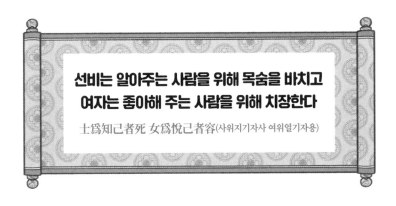

선비는 알아주는 사람을 위해 목숨을 바치고
여자는 좋아해 주는 사람을 위해 치장한다

士爲知己者死 女爲悅己者容(사위지기자사 여위열기자용)

예양豫讓은 산 속으로 도망치며 말했다. "에잇! 진짜 사나이라면 자신을 알아주는 사람을 위해 목숨을 바칠 수 있어야 하고 여자는 자신을 아껴 주는 사람을 위해 치장한다고 했어. 지백智伯은 나의 지기이니 나는 그의 원수를 갚는 데 내 생명도 바칠 수 있어! 그래야 내가 죽어 귀신이 된다 해도 내 양심에 부끄럽지 않을 것이야."

---

춘추 시대 말기에 진晉나라에 내란이 일어나자 지백은 한호韓虎와 위구魏駒를 협박해 병사를 일으키고 조양자趙襄子를 포위했다. 그러나 한호와 위구는 비밀리에 조양자와 모의해 지백을 협공해 그를 무너뜨리고 영토를 나누어 가졌다. 이때 지백의 가신인 예양은 간신히 목숨을 부지해 도망쳤고 반드시 지백의 복수를 하겠다고 결심했다.

예양이 처음으로 침입했을 때는 날카로운 칼을 숨기고서 궁중 변소를 수리하는 자로 위장해 암살 기회를 엿보고 있었다. 그러나 공교롭게도 금세 조양자에게 들통이 났고 예양은 솔직하게 자신은 지백을 위해 복수하러 왔다고 말했다. 조양자는 예양이야말로 진정한 의인이라는 생각이 들었다. 그리고 의인을 죽이는 것은 상서롭지 못한 일이라며 순순히 그를 풀어 주었다. 예양은 그곳을 탈출하자마자 수염과 눈썹을 온통 다 밀어 버렸다. 그러고는 온몸에 옻칠을 하고 나병환자처럼 꾸민 다음에 그것도 모자라 숯을 삼키고 벙어리가 되었다.

이렇듯 고생스럽게 외모를 바꾼 뒤 예양은 다시 진양晉陽으로 가서 돌다리 아래에서 구걸하며 숨어 살았고 내내 조양자를 죽일 기회만 엿보았다. 마침내 절호의 기회가 다가왔다. 조양자가 마차를 타고 거리로 나온 것이다! 그러나 하필이면 그의 마차를 끄는 말이 뭔가에 놀라 소동을 피우는 바람에 암살 계획은 그만 수포로 돌아가고 말았다. 결국 예양은 또다시 체포되었다.

예양은 이번에는 죽음을 면하기 힘들다는 것을 직감했다. 그래서 그는 조양자의 옷이라도 몇 번 찌를 수 있게 해달라고 간청했다. 그렇게라도 해서 지백의 복수를 하겠다는 소원을 이루고 싶다는 것이다. 조양자는 입고 있던 두루마기를 벗어 그에게 주었다. 그러자 예양은 검을 뽑아 들고 고함을 치며 옷을 몇 차례 찌르더니 돌다리에서 스스로 목숨을 끊었다.

춘추 시대에 정영程嬰은 진나라 재상 조삭趙朔의 친구였고 공손
저구公孫杵臼는 조삭의 문객이었다. 이들은 모두 조삭이 매우 아끼는
인재들이었다.

진晉 경공景公 3년(기원전 579년), 조씨 가문에 재앙이 닥쳤다. 사구
司寇(사법을 담당하는 직책) 도안가屠岸賈가 조삭의 아버지 조순趙盾의 죄를
물어 조씨 가문 전체를 주살한 것이다. 당시 진 성공晉成公의 누이동생
이었던 조삭의 아내만이 궁에 숨어 겨우 목숨을 건질 수 있었다.

공손저구가 정영을 보더니 친구가 화를 당했는데 왜 그의 뒤를
따르지 않느냐고 물었다. 정영은 이렇게 대답했다. "조삭의 아내에겐
유복자가 있네. 아들을 낳는다면 내가 어떻게든 그 아이를 보호해 나
중에 복수를 시킬 것이며 딸을 낳는다면 그때 가서 뒤따라 죽어도 늦
지 않네."

얼마 후 조삭의 아내가 아들을 낳았다. 이 소문을 들은 도안가는
즉시 궁에 사람을 풀어 수색했다. 그러나 조삭의 아내는 아기를 바지
안에 감추는 기지를 발휘해 수색을 무사히 통과할 수 있었다.

정영과 공손저구는 다시 모여 대책을 의논했다. 공손저구가 물
었다. "죽는 것과 고아를 보살피는 것 중에서 무엇이 더 어려운가?"
정영이 대답했다. "죽는 것은 쉽지만 고아를 기르는 것은 어렵지." 잠
시 무언가 생각하던 공손저구는 자신의 아들을 산에 숨겨 놓고 도안

가에게 정영을 보내 조 씨의 유복자를 찾았다고 전하게 했다. 도안가는 산에서 찾은 공손저구의 아들을 조 씨의 아들인 것처럼 꾸며 공손저구와 함께 죽였다. 한편 정영은 조 씨의 유복자를 데려다 키웠고 나중에는 결국 조삭의 복수를 했다.

공손저구는 자신을 알아주는 사람을 위해 친아들과 자신의 생명을 바쳤던 것이다.

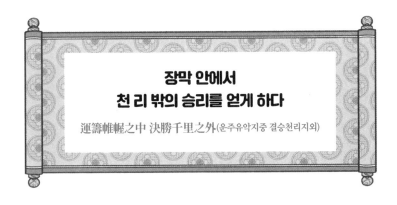

고조가 말했다. "경들은 어찌 하나만 알고 둘은 모르는가? 장막 안에서 전략을 세워 천 리 밖 전장에서 이기는 일은 장자방張子房보다 못하고, 나라를 안정시키고 백성을 편안히 하며 군량을 공급하고 보급선이 끊이지 않게 막는 일은 소하蕭何보다 못하고, 백만 대군을 이끌고 전장에 나가 싸우면 반드시 이기고 또 이기면 반드시 빼앗는 데는 한신韓信보다 못하오. 이 세 사람은 모두 영웅이며 내가 이들을 등용한 것이 바로 천하를 얻을 수 있었던 주요한 원인일 것이오. 항우의 곁에도 범증이라는 인재가 있었지만 그는 인재를 제대로 이용하지 못해 나에게 패배한 것이오."

———

유방은 천하를 평정하고 황제에 등극한 뒤에 도성인 낙양洛陽의 남궁南宮에서 경축연을 열었다. 그 자리에서 고조가 말했다. "경들은 허심탄회하게 자신의 의견을 말해보시오. 짐이 천하를 얻을 수 있었던 반면에 항우가 패배할 수밖에 없었던 이유가 무엇이라고 생각하는가?"왕기王起와 왕릉王陵 두 장군이 대답했다. "폐하께서는 공격할 때마다 늘 정복한 성을 장수들에게 상으로 내려 복을 함께 누리셨습니다. 하지만 항우는 질투심이 강해 공을 세운 사람을 모함해 죽이고 재능 있는 사람을 의심했습니다. 전투에서 이겨도 상을 내리지 않고 정복한 땅도 나누어주지 않으며 모두 독차지했지요. 그래서 천하를 잃게 된 것이 아닌가 싶습니다."

이 말을 듣고 흐뭇해하던 유방은 장자방과 소하와 한신을 예로 들어 말했다. "경들은 어찌 하나만 알고 둘은 모르는가? 장막 안에서 전략을 세워 천 리 밖 전장에서 이기는 일은 장자방보다 못하고, 나라를 안정시키고 백성을 편안히 하며 군량을 공급하고 보급선이 끊이지 않게 막는 일은 소하보다 못하고, 백만 대군을 이끌고 전장에 나가 싸우면 반드시 이기고 또 이기면 반드시 빼앗는 데는 한신보다 못하오. 이 세 사람은 모두 영웅이며 내가 이들을 등용한 것이 바로 천하를 얻을 수 있었던 주요한 원인일 것이오. 항우의 곁에도 범증이라는 인재가 있었지만 그는 인재를 제대로 이용하지 못해 나에게 패배한 것이오."

1장. 지도가 펼쳐지자 비수가 드러나다

건흥建興 원년(223년) 8월, 위魏나라가 오로대군五路大兵을 보내 서천西川에 쳐들어왔는데, 제갈량은 며칠 동안 두문불출했다. 이에 후주候主 유선劉禪이 손수 수레를 끌고 그를 찾아왔다. 공명孔明은 마침 작은 연못가에서 홀로 대나무 지팡이에 기대어 물고기를 보고 있었다. 유선이 군사 상황을 이야기하자 제갈량은 크게 웃었다. 그러더니 유선을 부축해 내실로 모셨다. "위나라 대군이 다섯 갈래로 나뉘어 서천에 들어왔다는 것은 이미 알고 있습니다. 저는 방금 물고기를 관찰한 것이 아니라 생각을 좀 하고 있었습니다." 이에 유선이 말했다. "그럼 어떻게 해야겠습니까?" 제갈량은 "강왕羌王 가비능軻比能·만왕蠻王 맹획孟獲·반장反將 맹달猛達·위장魏將 조진曹眞의 군대를 격퇴할 전략은 이미 완성되었습니다. 손권孫權의 부대를 물리칠 계획도 마련했지요. 동오東吳에 달변가 한 명만 보내면 만사가 해결됩니다. 다만 아직 누구를 보낼지 결정하지 못해 고민하던 참이었습니다. 그런데 폐하께서는 무얼 염려하십니까?"라고 말했다.

그러고 나서 제갈량은 유선에게 '운주유악지중 결승천리지외運籌帷幄之中 決勝千里之外'이니 걱정하지 말고 돌아가라고 했다.

# 나무를 흔들어
# 마른 잎을 떨어뜨리다

發蒙振落(발몽진락)

회남왕 유안劉安은 모반을 준비하다가 급암汲黯이 마음에 걸려 이렇게 말했다. "급암은 직언과 간언을 잘하고 절개를 지키고자 목숨도 바칠 수 있는 인물이니 모반에 참여하라고 설득하는 것은 힘들겠지만, 승상 공손홍公孫弘을 설득하는 것은 덮어둔 뚜껑을 열거나 마른 잎을 흔들어 떨어뜨리는 것처럼 쉽다."

---

서한 시대, 봉순사무封舜事務(대대로 왕실에서 순임금에게 제사 지내며 존경을 표하고 그 후손에게 작위를 내리는 일)를 관장하던 주작도위主爵都尉 급암은 정직하고 충성스런 대신이었다. 그는 젊은 한 무제에게 자주 진언과 간언을 올렸다.

당시에 동중서董仲舒라는 선비가 무제에게 제자백가의 학설은

1장. 지도가 펼쳐지자 비수가 드러나다

모두 그릇된 주장이니 이를 금지하고 공자의 유가 경전만 섬겨 문화 통치로써 정치를 통일하자고 건의했다. 바로 "제자백가를 폐하고 유가 학술만 따르자罷黜百家 獨尊儒術."라는 것이었다. 무제는 이 건의를 수용하고 인의 정치를 펴겠다는 뜻을 만천하에 알렸다. 그러나 급암은 무제의 말이 진심에서 우러나온 것이 아니라고 생각했다. 그래서 많은 유생이 지켜보는 가운데 무제에게 이렇게 말했다. "폐하께서는 사실 욕망이 많으신 분입니다. 입으로만 인의 정치를 하겠다고 하실 뿐 어찌 고대 성현인 당뇨唐堯와 우순虞舜과 같다고 할 수 있겠습니까?" 무제는 아무 말도 못하고 망신만 당했다. 그때 누군가가 급암에게 넌지시 말했다. "면전에서 폐하를 모욕하다니 언젠가는 화를 면하지 못할 것이오." 하지만 급암의 생각은 달랐다. "폐하께서 문무백관을 두신 것이 그저 듣기 좋은 말만 듣고 의롭지 못한 황제라는 오명을 쓰고자 하심이란 말이오?"

얼마 후 회남왕 유안은 모반을 준비하고 있었다. 그는 승상 공손홍은 전혀 걱정하지 않았지만 급암만큼은 두려워했다. 그래서 급암에게는 절대 발각되지 않게 하라고 특별히 부하에게 신신당부했다. "급암은 직언과 간언을 잘하고 절개를 지키고자 목숨도 버릴 수 있는 인물이니 그를 설득하는 것은 힘들겠지만, 승상 공손홍을 설득하는 것은 덮어둔 뚜껑을 열거나 마른 잎을 흔들어 떨어뜨리는 것처럼 쉽다."

송宋 태조 조광윤趙匡胤은 후주後周 시대에 전전도점검殿前都點檢
(전전사殿前司의 최고무장)을 지냈으며 송주宋州 귀덕군절도사歸德軍節度使
로서 병권을 장악했다. 그는 주 세종周世宗 시영柴榮이 죽고 그의 일곱
살 난 아들 시종훈柴宗訓이 즉위하자 정권을 찬탈할 여러 가지 조건이
이미 성숙되었다고 판단하여 치밀하게 계획을 세워 역사적으로도 유
명한 '진교병변陳橋兵變'을 일으켰다.

960년, 귀덕군 장서기掌書記 조보趙普와 조광의趙匡義 등의 지시
에 따라 진주鎭州와 정주定州에서 북한北漢과 거란契丹 귀족 연합군이
남하해 후주를 침략한다는 거짓 군사 정보가 전해졌다. 그러자 후주
의 재상 범질范質은 이 정보의 사실 여부도 따져 보지 않은 채 급히 조
광윤을 보내 방어하도록 했다.

조광의, 조보 등은 조광윤의 부대가 개봉에서 북쪽으로 20리 떨
어진 진교역陳橋驛에 도착했을 때 조광윤에게 미리 준비해 두었던 황
포黃袍를 입혔다. 황포는 황제만이 입을 수 있는 황제의 상징이다. 장
군들은 곧 조광윤을 향해 소리 높여 만세를 불렀고 그를 황제에 추대
했다. 조광윤은 즉각 병사를 되돌려 경사京師로 돌아왔다. 마침 경성의
수비는 비어 있었고 조광윤은 '발몽진락發蒙振落'하듯 쉽게 후주 정권
을 무너뜨리고 송 왕조를 세웠다.

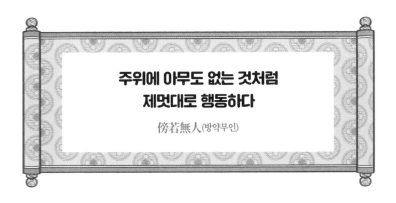

# 주위에 아무도 없는 것처럼 제멋대로 행동하다

傍若無人(방약무인)

형가荊軻는 연나라에 간 뒤로 개백정 한 사람과 축筑 연주에 능한 고점리高漸離를 사귀었다. 술을 즐겼던 형가는 매일 이들과 어울려 연나라 장터에서 술을 마셨다. 취기가 오르면 고점리는 축을 치고 형가는 거기에 박자를 맞춰 길거리에서 노래를 부르며 웃다가 나중에는 감정에 북받쳐 목 놓아 울기도 하는 등 주위에 아무도 없는 것처럼 행동했다.

———

전국 시대 말기에 진秦나라는 자주 주변국을 침략했다. 당시 진나라는 지금의 섬서西 남부 일대에 자리하고 있었다. 그러나 하북河北 북부에 자리 잡고 있던 연나라도 진나라의 침략을 피할 수는 없었다. 연나라 태자인 단丹은 당시 진나라에 인질로 잡혀가 온갖 수모를 견뎌내야 했다. 이후에 연나라로 탈출한 태자 단은 복수의 의지를 불태우던 중에 전전輾轉에게서 형가를 소개받았다.

형가는 위나라 출신이지만 조상은 제나라 사람이었다. 그는 위나라에서 연나라로 온 뒤로 축 연주에 능한 음악가 고점리를 비롯해 호걸 몇 명과 사귀었고 자주 그들과 어울려 술을 마시며 노래를 했다. 태자 단은 형가를 문객으로 불러 귀빈 대접을 하며 자신의 마차도 타게 하고 음식과 의복을 함께 나누었다.

기원전 228년, 진秦 왕 영정嬴政이 조나라 수도인 한단邯鄲을 공격하고 그 기세를 몰아 연나라 남쪽 국경 지역까지 치고 올라왔다. 이에 덜컥 겁이 난 태자 단은 형가를 보내 진 왕을 암살하게 했다. 형가는 진나라를 배반한 장수 번어기樊於期의 수급과 연나라 독항督亢의 지도를 들고 진 왕을 알현해 기회를 봐서 그를 암살하겠다는 계획을 세웠다. 설명을 들은 태자 단은 차마 번어기를 죽일 수 없다고 했지만 형가가 몰래 그를 만나 그 사실을 말하자 번어기는 스스로 자신의 목을 내어주었다.

기원전 227년, 형가는 연나라 독항의 지도와 번어기의 수급을 들고 진 왕을 암살하러 갔다. 떠나기 전에 많은 사람이 강가에서 형가를 배웅해주었다. 그 장면은 자못 비장했다. "바람 소리 쓸쓸하고 역수는 차기만 한데 장사는 한 번 떠나면 다시는 돌아오지 못하리風蕭蕭易水寒 壯士一去 不復還." 형가는 이 시 한 수를 남기고 이별을 고했다.

1장. 지도가 펼쳐지자 비수가 드러나다

354년에 동진東晉의 환온桓溫이 북벌에 나서 전진前秦의 부건苻
健을 공격하고 파상灞上에 주둔했다. 관중의 노인들은 앞다투어 술을
들고 그들의 노고를 위로했으며 많은 사람이 모여들어 이들을 구경했
다. 왕맹王猛도 삼베로 만든 짧은 소매 옷을 입고 군대가 주둔한 병영
으로 가서 면담을 요청했다. 왕맹은 대중이 보는 앞에서 환온과 천하
의 일을 의논하는 한편 이를 잡는 등 '방약무인傍若無人'이었다. 환온은
슬며시 자화자찬하며 물었다. "나는 황제의 명을 받아 10만 정예부대
를 이끌고 역적을 토벌해 백성을 위해 화를 제거했소, 그런데 관중의
호걸들은 아무도 이를 본받으려 하지 않으니 그 이유가 뭐라고 생각
하시오?" 왕맹이 대답했다. "장군은 먼 원정 길을 와 이미 깊숙이 들
어왔습니다. 그런데 장안을 지척에 두고도 파수를 건너지 않고 있으
니 장군의 의중을 짐작할 수 없어 아무도 찾아오지 않는 것입니다."

이는 환온의 근심을 바로 맞춘 말이었다. 순간 할 말을 잃고 잠
시 침묵을 지킨 환온이 다시 입을 열었다. "강동江東에 당신보다 더 유
능한 인재는 없을 것이오." 얼마 후에 환온은 퇴각을 결정했다. 떠나
기 전 환온이 왕맹에게 화려한 마차를 선물하고 높은 관직을 내리면
서 함께 남하하자고 제의했지만 왕맹은 이를 거절했다.

전진의 장수 부견苻堅은 큰 뜻을 품은 인물이었다. 역시 왕맹의
명성을 익히 들어 알고 있던 부견은 즉각 여파루呂婆樓를 파견해 왕맹

을 모셔 오게 했다. 첫 만남부터 마음이 잘 맞았던 두 사람은 많은 이야기를 나누었다. 동진 승평升平 원년(357년)에 부견은 스스로 대진천왕大秦天王이라 칭하고 왕맹을 중서시랑에 임명했다. 후에 왕맹王猛은 병사를 이끌고 전연을 공격해 탕평하는 데 혁혁한 공을 세웠다. 왕맹이 전진 왕조를 보좌한 동안에는 적절히 인재를 등용하고 관리가 제 소임을 다하며 농사와 양잠을 장려하여 전진은 부국강병의 새로운 국면을 맞이했다.

## 지도가 펼쳐지자 비수가 드러나다

圖窮匕首見(도궁비수현)

형가가 지도를 들어 바치자 진 왕은 지도를 펼쳤다. 지도가 끝까지 풀리자 그 안에 비수가 나타났다.

---

전국 시대 말기, 형가는 진秦 왕을 암살해 달라는 연나라 태자 단의 부탁을 받고 그에 응했다. 이때 진나라 장군 왕전王翦이 군사를 이끌고 연나라 남쪽과 접경한 조나라를 공격해 조 왕을 포로로 잡았다. 그러자 조급해진 태자 단은 형가를 재촉했다. 형가가 말했다. "만약에 번어기의 수급을 들고 진 왕을 보러 간다면 진 왕은 의심하지 않을 것입니다. 거기에다 독항의 지도를 함께 가지고 간다면 더욱 반길 테죠. 진나라 장군 번어기는 진 왕을 배반하고 연나라로 도망 왔으니 진 왕은 분명 그를 제거하고 싶을 것입니다." 번어기는 이 계획을 듣고는

형가의 생각에 동의해 스스로 목숨을 끊었다. 형가는 그의 머리를 상자에 담았다. 그리고 태자 단은 거금을 들여 날카로운 비수를 구한 뒤 강력한 독약을 칠했다.

이렇게 형가는 번어기의 수급과 독항 지도, 비수를 들고 연나라의 사자 신분으로 진나라를 방문했다. 태자 단과 그의 문객, 형가의 친구인 고점리 등이 그를 배웅했다. 이들은 연燕나라 남쪽 변경 지대인 역수易水에 도착해 서로 눈물을 흘리며 이별했다.

형가는 마침내 진나라에 도착했다. 진 왕은 연나라 사자가 번어기의 수급과 독항 지도를 가지고 왔다는 말을 듣고 무척 기뻐하며 즉각 함양궁咸陽宮으로 형가를 불렀다. 진 왕은 우선 번어기의 수급을 검사하고 말아 놓은 독항 지도를 받았다. 진 왕은 서서히 지도를 펼쳤고 지도가 거의 다 펼쳐졌을 때 그 안에서 숨겨져 있던 비수가 모습을 나타냈다. 형가는 재빠르게 비수를 잡아 들고 진 왕의 옷소매를 붙들어 그가 빼앗은 각국의 영토를 반환하라고 할 생각이었다. 그러나 놀란 진 왕은 급히 소매를 뿌리치고 낭패한 모습으로 도망쳤다. 형가는 비수를 들고 온 힘을 다해 그를 쫓았지만 비수는 진 왕을 빗겨가 기둥에 꽂히고 말았다. 형가는 결국 진 왕을 죽이지 못하고 정작 자신이 현장에서 죽고 말았다.

위魏나라 기인淇人은 가성歌城 남쪽 절경하折脛河 북안에 형가를 묻었다. 그의 무덤은 아직도 그 자리에 남아 있다.

남송 시대에 조명성趙明誠이 세상을 떠나고 삼 년이 지났을 때 그의 아내 이청조李淸照는 항주로 이사했다. 이청조는 당시 재상의 며느리이자 저명한 금석 고증학자였으며 강녕江寧 지주知州(중국 송나라·청나라 때에 둔 주州의 으뜸 벼슬아치) 조명성趙明誠의 미망인으로, 가치가 상당한 금석문과 서화를 다수 소유하고 있었다. 비록 전란을 겪으면서 많은 양을 분실했다고는 하나 남아 있는 것만도 그 가치가 엄청났다. 이때 이미 나이 쉰을 넘긴 이청조의 곁에 풍류를 즐기며 호방하고 달변인 장여주張汝舟가 나타났다.

이청조에게 접근한 장여주는 불타는 흠모의 마음을 직접 표현하면서 동시에 중매쟁이 정중鄭重을 통해 정식으로 혼인 의사를 전달했다. 또한 이청조의 남동생을 자기편으로 만드는 치밀함까지 보였다. 결국 이청조는 잠시 눈이 멀어 그의 청혼에 승낙하고 말았다.

장여주는 결혼에 성공하자마자 곧바로 본색을 드러내며 이청조에게서 금석문과 서화를 빼앗았고 내놓지 않으면 곧바로 폭력을 행사했다. 더는 참을 수 없던 이청조는 '망증거수妄增擧數 입관'의 죄명으로 장여주를 고발했다.

이른바 '망증거수'라 함은 송나라 때 일정 횟수 이상 과거에 응시한 사람에게 그에 상응하는 자격을 부여하고 관직을 내렸던 것을 말한다. 그런데 장여주는 참가 횟수를 거짓으로 보고하고 관직을 얻어 황제를 기만하는 죄를 지었다. 이 소송에서 황제는 장여주에게 유배를 선고했고 두 사람은 마침내 이혼했다.

# 갑옷을 입고
# 무기를 들다

披堅執銳(피견집예)

송의가 말했다. "나는 그렇게 생각하지 않습니다. 등에는 소를 물기는 하지만 상처를 입히지는 못합니다. 지금 진秦나라가 조趙나라를 쳐서 승리했지만 병사들은 지쳤을 것입니다. 진나라 병사가 지치면 우리에게도 기회가 생기는 것입니다. 패배한다면 우리는 부대를 이끌고 북을 치며 서진하면 됩니다. 그러면 반드시 진군을 섬멸할 수 있을 것입니다. 그러므로 지금은 진나라와 조나라가 서로 싸우게 그냥 두는 편이 낫습니다. 만약 완전무장한 정예 부대가 용감하게 전방에서 싸운다면 나는 당신보다 못할 것입니다. 하지만 장막 안에 앉아 전략을 짜는 것은 당신이 나 송의보다 한 수 아래입니다."

---

진나라 말기에 항량은 의군義軍을 이끌고 동아東阿에서 출발해

서진했다. 정도定陶에 도착했을 때는 이미 두 차례나 진군을 공격해 승리를 거두었다. 게다가 항우 등은 이유李由를 죽인 후에 더욱 진군을 우습게 여겼다. 그때 부장 송의가 항량에게 충고를 한마디 했다. "전장에서 승리했다고 장수들이 자만하면 병사들이 게을러집니다. 이런 군대는 언젠가는 분명 패하고 말지요. 지금 우리 병사들은 이미 태만해졌는데 진군은 하루하루 강대해져 가니 저는 그저 걱정스러울 뿐입니다."

그러나 항량은 그의 충고를 듣지 않고 송의를 보내 제나라를 치게 했다. 송의는 도중에 제나라 사자 고릉군高陵君을 만나자 그에게 물었다. "무신군武信君 항량을 뵈러 오신 거요?" 상대방이 대답했다. "예, 그렇소." 송의가 말했다. "제 생각에 항량의 군대는 반드시 패배할 것입니다. 조금만 더 늦게 가신다면 목숨은 건질 수 있을 것입니다. 하지만 너무 일찍 가시면 분명 재앙을 면할 수 없을 것입니다."

진나라는 예상대로 장한章邯을 선두로 하여 전 병력을 동원해 초군을 공격했다. 그리고 진군이 정도에서 초군을 크게 물리친 전투에서 항량은 전사하고 말았다. 그 후 초 회왕懷王은 송의를 상장군에 항우를 부장에 임명하여 장한을 에워싸고 있는 조나라를 지원토록 했다. 그러나 송의와 항우는 서로 생각이 달랐다. 앞서 이야기한 항량과 송의의 대화가 바로 이 두 사람의 의견 차이를 분명하게 보여 준다.

송의는 군대가 안양安陽에 도착한 후에 46일 동안 진군하지 않았다. 그러나 항우는 신속히 강을 건너 조군과 안팎으로 공격해 진군을 대파하고자 했다. 그래도 송의는 이에 동의하지 않고 진나라와 조나라의 싸움을 지켜보다가 나중에 어부지리만 챙기면 된다고 했다. 항우는 결국 이를 참지 못하고 송의를 죽여 군권을 탈취했다.

—————— ❈ **지혜가 꼬리를 무는 역사 이야기** ❈ ——————

765년에 복고회은僕固懷恩은 당을 배반하고 토번吐蕃(지금의 티베트), 회흘回紇(지금의 위구르)과 결탁하여 30만 대군을 이끌고 여러 방향에서 중원을 공격해 장안을 위협했다. 곽자의郭子儀는 이런 위기 상황에서 명을 받고 적과 싸우기 위해 전방으로 떠났다. 당시 회흘의 병력만 해도 당나라 병사의 다섯 배나 되었다. 그런데 이때, 복고회은이 돌연 병으로 세상을 떠나자 회흘과 토번은 서로 이견을 좁히지 못했다. 곽자의는 회흘의 대장 약갈라藥葛羅에게 사자를 보내 안부를 물었다. 그러자 약갈라는 곽자의가 아직 살아 있다는 것을 믿을 수 없어 사자를 시켜 곽자의에게 직접 담판을 하자고 전했다. 이 말을 들은 곽자의는 바로 말을 타고 혼자서 회흘 군영으로 갈 생각이었는데 병사들이 모두 말렸다. 그리고 그의 아들 곽희郭晞는 아예 말고삐를 잡고 놓아주지 않았다. 이에 곽자의는 고삐를 잡고 있던 아들의 손을 채찍으로 힘껏 내리치고 군영을 빠져나갔다. 곧 회흘 군영에 곽자의가 도착했다고 소식이 전달되었다.

회흘 병사들은 마치 큰 적이라도 마주한 것처럼 '피견집예披堅執

鋭'하고 활을 쏠 준비를 한 채 전투태세를 갖췄다. 그럼에도 곽자의는 전혀 당황하지 않고 갑옷을 벗고 창을 내려놓고는 천천히 군영 안으로 걸어갔다. 약갈라와 회흘 장수들은 정말 곽자의가 나타나자 황망히 대열을 정비해 예를 행했다.

곽자의는 약갈라에게 우선 사정 이야기를 하고 대의를 깨우치며 이전의 공로를 포기하지 말고 또 새로운 원한을 맺지 말라고 권했다. 그 말을 들은 약갈라는 자신이 복고회은에게 속았다며 자신은 당나라와 전쟁을 벌이고 싶지 않다고 했다. 그리고 토번은 이 소식을 듣고 밤새 퇴각해 버렸다. 그러자 곽자의는 회흘과 연합해 정예 기마 부대를 보내서 토번을 추격했고 5만을 죽이고 10만을 포로로 잡았다.

후에 주공周公은 백금伯禽이 한참 후에야 정세를 보고했다는 소식을 듣고 탄식하며 말했다. "아, 노나라의 후대는 앞으로 제나라의 신하로 전락하겠구나. 정치가 복잡해 행하기 쉽지 않으면 백성이 가까이 다가갈 수 없고 정치가 쉬워 다가서기 쉬우면 백성들은 반드시 따르게 되어 있다."

---

주 무왕武王의 동생 주공은 상나라와 벌인 전쟁에서 큰 공을 세워 곡부曲阜에서 노공魯公에 봉해졌다. 그러나 그는 곡부로 가지 않고 계속 도성에 남아 왕실을 보좌했다. 대신 그는 큰 아들인 백금伯禽을 봉지인 곡부로 보냈다. 그리고 한때 문왕文王과 무왕武王을 보좌하며 상나라를 정벌할 때 공을 세웠던 강상姜尙은 제지齊地를 봉지로 받았다.

그가 불과 오 개월 만에 정세 보고를 하러 왔다. 이에 주공이 물었다. "어찌 이렇게 빨리 보고할 수 있었는가?" 강상이 대답했다. "군신의 예는 간략히 하고 현지 풍습에 따라 이렇게 빨리 할 수 있었습니다."

반면에 백금은 노지魯地에 도착하고 삼 년이 지나서야 주공에게 현지의 정치 상황을 보고하러 왔다. 주공은 매우 불만스러워하며 물었다. "왜 이리 늦었느냐?" 백금이 대답했다. "제가 현지의 풍습과 예절을 고치느라 이제야 보고하는 것입니다." 주공이 이 말을 듣고 한탄하며 이렇게 말했다. "아, 노나라의 후대는 앞으로 제나라의 신하로 전락하겠구나. 정치가 복잡해 행하기 쉽지 않으면 백성이 가까이 다가갈 수 없고 정치가 쉬워 다가서기 쉬우면 백성들은 반드시 따르게 되어 있다."

백금은 주 왕조의 예의 제도를 정직하게 있는 그대로 따르기만 했지 변통할 줄은 모르는 아주 보수적인 인물이었다. 그러나 주나라의 예로써 나라를 다스리며 46년간 재위했다. 그래서 노나라의 정치경제는 새로운 국면을 맞게 되었다. 노나라는 관할 지역이 북쪽으로는 태산, 남쪽으로는 서회徐淮, 동쪽으로는 황해, 서쪽으로는 양곡陽谷 일대에 달해 주 왕조가 동방을 통제하는 데 주요 거점이 되는 아주 중요한 우방국이었다. 또한 '예의지방禮義之邦'이라는 미칭으로 불리기도 했다. 그러나 노나라는 주공이 예측했던 것처럼 처음에는 제후국 가운데 가장 무시 받던 국가로 제나라의 신하국이었다. 노나라는 끝까지 단 한 번도 여러 제후국을 호령할 수 있는 위치에 오르지 못했다.

## ─────── ❀ 지혜가 꼬리를 무는 역사 이야기 ❀ ───────

당唐 무측천武則天 시기에 신도神都 낙양궁성에는 광정문光政門이라는 성문이 있었다. 이 문은 관리들이 조정에 드나들 때 반드시 지나는 문이었다.

하루는 조회가 끝나고 재상 누사덕婁師德이 성문을 지나는데 횡목 위에 앉아서 기다리던 수행원이 말을 끌고 왔다. 이때 궁에 들어가려던 현령이 누사덕 옆으로 다가와 앉더니 말을 걸었다. 그리고 잠시 뒤에 따라 들어오던 현령의 아들은 멀리서 걸어오면서 자신의 아버지가 대담하게도 재상과 동등하게 앉아 이야기를 나누는 모습을 보고 크게 놀랐다. 그래서 그는 아버지께 큰 소리로 알렸다. 현령은 그제야 자기 옆에 있는 사람이 재상이라는 사실을 알고는 자리에서 일어나 거듭 절을 하고 죽을죄를 지었다며 계속해서 사죄했다. 그러나 누사덕은 너그러운 사람이었다. 그는 단지 "모르고 그런 것이니 어찌 탓할 수 있겠소."라고만 말했다.

현령은 재상 같은 높은 관직에 있는 분이 이토록 '평이근인平易近人'하다는 것을 알고서 상관이 자신에게 시력이 나쁘면 일찍 퇴직하는 것이 낫겠다고 권했다며 사정 이야기를 늘어놓았다. 사실 그의 눈은 아무런 이상이 없었다. 밤에도 촛불만 있으면 글을 쓰는 것이 전혀 문제될 게 없을 정도였으니 말이다. 그러자 누사덕이 웃으며 말했다. "밤에도 글자를 명확히 볼 수 있다면서 왜 대낮에 재상의 얼굴도 분간하지 못하는가?" 현령은 그 말에 부끄러워 얼굴을 들지 못했다. 하지만 정말 뜻밖이었던 것은 누사덕이 현령을 변호해 주어서 덕분에 현령이 조기 퇴직을 면했다는 것이다.

# 타고 온 배를
# 물에 빠뜨리다

破釜沈舟(파부침주)

항우는 전군을 이끌고 장하漳河를 건넌 후에 배를 모조리 침몰시켰다. 그러고는 단 사흘치 식량만 남긴 채 사용했던 그릇을 전부 때려 부수고 군영은 모두 불태워 버렸다. 필사의 각오로 전투에 임하라는 뜻이었다. 전방에 도착한 부대는 왕리王離를 포위하고 진나라 군대와 여러 차례 교전했다. 이렇게 해서 진나라 군대가 건설한 도로를 모두 차단하고 진군을 격파해 소각蘇角을 죽이고 왕리를 포로로 잡았다.

---

항우는 군대를 이끌며 연승 행진을 했다. 그러자 진 이세秦二世 호해胡亥는 황급히 대장 장한을 내보냈다. 정도 전투에서 초나라 군대는 대패했고 항량은 전사했다. 이 기세를 몰아쳐 장한은 군대를 이끌고 조나라를 공격했고 거록巨鹿에서 조 왕을 포위했다. 이에 조 왕은

긴급히 초 왕에게 구원을 요청했다.

초 왕은 송의를 대장으로 하고 항우를 부장으로 삼아 구원병을 보냈다. 송의는 진군의 공격을 피해 힘을 남겨두고자 했다. 그래서 안양安陽에 도착해서는 진군과 조군이 서로 전투에서 지쳐 나가떨어질 때까지 기다린다며 46일 동안이나 주둔했다. 하지만 항우는 조급해서 이런 상황을 견딜 수가 없었다. 항우는 여러 차례 송의를 설득해 당장 출격하자고 했지만 번번이 거절당했다. 송의가 말했다. "완전무장한 정예부대가 용감하게 전방에서 싸운다면 나는 당신보다 못할 것입니다. 하지만 장막 안에 앉아 전략을 짜는 것은 당신이 나 송의보다 한 수 아래입니다."

서로 이견을 좁힐 수 없자 항우는 결국 송의를 죽이고 병사들에게는 그가 제나라와 결탁하고 초나라를 배반해 초 왕이 그를 죽이라 밀령을 내렸기에 그 임무를 수행했다고 말했다. 병사들은 항우를 상장군에 추대했다. 그리고 항우는 송의를 죽인 사실을 곧 초 회왕에게 알렸다. 초 회왕은 즉시 항우를 상장군에 정식으로 임명했다. 항우는 바로 장군 두 명에게 2만 군대를 이끌고 도하하여 거록을 지원하라고 명령을 내렸다. 그리고 곧 작은 승리를 거두었다는 소식과 함께 증병 요청이 들어오자 그는 전군이 도하하여 조군을 지원하겠다고 결정했다.

일단 전군을 도하시킨 뒤에 항우는 과감한 결정을 내렸다. 단 사흘치 식량만 남긴 채 사용했던 취사도구는 모조리 때려 부수고 타고 왔던 배는 모두 가라앉혔으며 병영의 숙소를 전부 불태웠다. 이로써 필사의 각오로 전투에 임할 생각이었다. 전진만 있고 후퇴란 없는 항우의 부대는 거록 부근에 도착하자마자 진군을 포위했다. 격렬한 전투를 수차례 벌이면서 진군의 보급선을 차단했고 거록을 지키던 진나라 장군 두 명 중에 한 명은 포로로 잡고 한 명은 스스로 분신했다. 그 이전에 조나라를 원조하러 왔던 여러 제후들은 거록 부근에 주둔했지만 감히 진군과 교전하러 나서지는 못하던 상황이었다. 이런 상황에서 초나라 군대가 필사적으로 싸워 승리를 거두자 항우의 명성은 바로 드높아졌다. 각 제후들은 항우에게 군주의 예를 행했고 그의 군대는 40만으로 늘어났으며 항우는 스스로 '서초패왕西楚覇王'이라 칭했다.

## ──── ❈ 지혜가 꼬리를 무는 역사 이야기 ❈ ────

215년에 손권孫權은 10만 대군을 이끌고 장료張遼가 지키던 합비合肥로 진격했다. 마침 조조의 대군이 거의 서쪽 한중漢中의 전장에 가 있던 터라 동쪽의 합비에는 겨우 7천여 병사만 남아 있을 뿐이었다. 손권의 10만 대군이 보여주는 용맹함에 주눅 든 조나라 군대는 순식간에 사기가 떨어지고 군기가 풀어졌다. 그래서 장료는 동오군 진영이 안정되기 전에 '파부침주破釜沈舟'의 각오로 오군을 습격하기로 결정했다.

장료와 이전李典은 장사 800명을 모아 새벽에 공격을 개시했다. 선두에 선 장료는 큰 소리로 자신의 이름을 외치며 병사들을 이끌고 맹렬히 돌격했다. 순식간에 장료 혼자서 적장 두 명을 베고 적군 수십 명을 죽였다. 이어서 적의 군영까지 그리고 곧바로 적의 사령관 손권의 부대까지 쳐들어갔다. 상황이 이렇게 되자 오군 사령관과 부사령관은 놀라 멍해졌고 손권도 깜짝 놀라 근처의 산으로 도망쳐서 전투에 나서지 못했다.

이렇게 장료는 자신이 앞장서서 조군의 사기를 진작시켰다. 장료·이전·악진樂進 세 명의 장군은 또 한편으로는 수비를 강화하고 장기전을 준비했다. 그러나 동오군은 수십일 동안 합비를 포위하고도 아무것도 수확하지 못한데다 보급까지 날로 어려워지자 군심이 동요하기 시작했다. 결국 손권은 철군을 명령했다. 장강長江 나루 소요진逍遙津으로 대군을 이동시킨 손권이 부하들을 불러들여 회의를 하고 있는데 갑자기 장료가 병사들을 이끌고 나타나 공격을 감행했다. 결국 오군은 무참히 패배하고 말았다.

이 전투에서 동오를 완전히 섬멸시킨 장료는 이후 "장료라는 이름만 들어도 모두 벌벌 떨었고 어린아이가 밤에 울다가도 그의 이름을 들으면 뚝 그쳤다."라는 명성을 얻게 되었다.

# 모두 풍족하고
# 집집마다 풍요롭다

人給家足(인급가족)

묵가도 요순의 도를 숭상했다. 묵가 학설의 요지는 근본을 강조하고 재화를 절약하는 것이다. 이렇게 해야 누구나 풍족하고 집집마다 풍요롭게 살 수 있다. 이것은 묵자 학설의 장점이며 제자백가의 학설도 이를 폐기하지 못했다.

---

춘추 전국 시대에 묵가 학파는 대개 묵적墨翟과 같은 사회 하층민 출신들로 매우 검소하게 생활했다. 그들은 묵자의 가르침에 따라 가장 낮은 토방에 살며 지붕은 다듬지도 않은 모초로 덮었다. 소박한 음식을 먹으며 콩잎으로 만든 국을 마셨고 밥그릇이나 국그릇은 모두 토기를 사용했다. 그리고 여름에는 거친 삼베옷을 입고 겨울에는 녹피 저고리를 입었다. 또 장례를 치를 때는 두께가 겨우 10센티미터인

오동나무로 관을 짜는 등 아주 간소하게 했다. 이렇듯 묵자는 줄곧 물자 절약과 장례 간소화를 주장했다. 지출을 줄여 검소하게 생활함으로써 낭비에 반대하고 장례 의식을 치를 때는 인력과 물자를 절약해야 한다고 주장했다. 묵자는 이런 주장을 펼쳐 당시 귀족들의 사치와 향락 생활에 정면으로 맞섰다.

묵자가 죽고 200여 년이 흘렀을 때 사마천은 『사기史記 태사공자서太史公自序』에서 각 학파에 대한 아버지 사마담의 주요 관점을 기술했다. 사마담은 묵자가 농업을 강화하고 지출을 줄여 검소하게 생활하자고 제창한 '강본절용强本節用'을 매우 긍정적으로 평가했다. 이것이야말로 모든 사람이 풍족하고 풍요롭게 살도록 하는 방법이라 생각한 것이다.

───────── ❖ **지혜가 꼬리를 무는 역사 이야기** ❖ ─────────

서한 왕조를 건립한 뒤 한 고조와 혜제惠帝, 여후呂后는 모두 농업 생산과 통치 질서 안정에 크게 힘썼고 큰 성과를 거두었다. 그리고 뒤이어 즉위한 문文, 경景 두 황제는 이 기초 위에서 한 발 더 나아가 부역을 가볍게 하고 세금을 적게 부과하여 백성을 편안케 했다. 역사에서는 이 시절을 '문경지치文景之治'라고 한다.

당시 대부분 제후의 봉지는 크게는 삼사만 호에 달했으며 그렇지 않은 곳도 인구가 배로 증가했고 이전보다 훨씬 부유해졌다. 또한 농업 발전으로 식량 가격도 크게 떨어져 문제 초년에는 좁쌀 한 섬 가격이 수십 전 수준까지 급락했다.

『한서漢書 식화지 食貨志』에 따르면 한나라의 국내 정치는 건국 초기에서 무제가 즉위하기까지 약 70년 동안에 걸쳐 차츰 안정되었다. 수재나 흉년이 들지 않는 한 백성들은 '인급가족人給家足'했고 나라의 식량 창고에는 곡식이 가득했다. 또한 돈을 엮는 끈이 낡아 끊어질 정도로 도성에 재물이 넘쳐났다.

# 남이 버린 것을
# 내가 취하다

人棄我取(인기아취)

백규白圭는 서주西周 사람이다. 위 문후魏文侯 재위 당시에 이극李克은 토지 자원 개발에 열을 올리는 반면 백규는 시장의 시세와 작황 변화를 관찰하는 데 더 관심이 있었다. 그러면서 물건이 넘쳐 저가로 팔릴 때는 물건을 미리 대량으로 구매해서 비축했다가 시장에 물건이 부족해 가격이 오르면 내다 팔았다. 예를 들면 곡식이 익었을 무렵에는 식량을 사들이고 비단과 칠기를 팔았으며 누에고치가 자라면 옷감을 사들이고 곡식을 내다 파는 식이었다.

---

전국 시대 초기, 위魏 문후는 이리李悝를 재상으로 임명하고 개혁을 단행해 통치를 강화했다. 그는 농민의 권익을 보호하고 농업 발전을 도모하는 '평적법平糴法'을 시행했다. 풍년이 든 해에는 국가가 적

정 가격으로 곡식을 사들이고 흉년이 들면 그 가격으로 판매해 곡식 가격을 안정시키려는 정책이다. 위나라는 이와 같이 정치와 경제 발전을 두루 추구해 전국 시대 초기에 열강 가운데 가장 강한 국가가 되었다.

이리의 경제 개혁은 백규라는 상인에게 큰 시사점을 제공했다. 백규는 나라에서 시행한 경제 개혁법을 정리해 장사를 해서 부를 쌓을 수 있는 '낙관시변樂觀時變'이라는 원칙을 찾아냈다. 다시 말하면 낙관적으로 시국의 추이를 살피는 것이다. 그는 구체적인 수확량을 조사해 '다른 사람이 버린 것을 내가 줍는다'는 행동 원칙을 충실히 실행했다.

당시 무역은 물물교환 형식이 주를 이루었다. 백규는 시세를 정확히 파악한 뒤 남들이 물건이 넘쳐 헐값에 팔아넘길 때 오히려 그것을 대량으로 사들였다. 그러고는 때를 기다렸다가 시장에 그 물건이 부족해 값이 오르면 내다 팔았다. 이렇듯 백규는 저가에 구입한 물건을 고가에 파는 방법으로 이익을 내고 부를 쌓았다. 이렇게 간단하면서도 효율적인 이론은 진한 시대 이후 시장 무역과 정부의 물자 조절·관리 방식에 막대한 영향을 주었다. '재정 관리'라는 방법으로 부국을 이루려면 각종 시장 정보가 특히 중요하다고 여긴 백규는 늘 반응은 신속하게 행동은 과감하게 했다. 다시 말해 일단 시세에 변화가 생기면 바로바로 결정을 내려 사들일지 여부를 결정하고 마치 맹수가 먹잇감을 채 가는 것처럼 민첩하게 움직여 절대 기회를 놓치는 법이 없었다.

명나라 말기에 휘주徽州의 염상들은 단체를 조직해 소금을 생산하고 공급하며 판매권에도 관여하는 등 당시 양절兩浙 지방의 제염 산업은 매우 활발했다. 가경嘉慶 연간, 휘주의 염상 포직윤鮑直潤은 제염업 경영 초창기에 실패를 거듭하여 크나큰 어려움을 겪었다. 그러나 포직윤은 실망하지 않고 집안의 논밭까지 전부 저당 잡혀서 현지의 제염 공장을 경영할 수 있을 만큼 자금을 마련했다.

가족들은 모두 포직윤을 만류하며 말했다. "제염업을 하면서 실패만 거듭했으니 절대 전 재산을 저당 잡혀서는 안 된다." 그러자 포직윤이 말했다. "전국 각지의 항구에는 이미 상인들이 무수히 많습니다. 이런 상황일수록 '인기아취人棄我取'의 결단이 필요합니다. 때를 놓쳐서는 안 됩니다. 저는 이미 결심을 굳혔습니다."

포씨 형제는 이런 정신으로 전국 각지를 돌며 제염업을 계속 경영했다. 비록 초기에는 자금이 부족하고 풍속과 지리에 낯설어 어려움이 많았지만 이를 모두 극복하고 현지 최고의 상업 단체를 조직해냈다.

# 사람들이 모두 불안을 느끼다

人人自危(인인자위)

진 이세 통치 시절, 법령에 규정된 형벌이 나날이 가혹해졌다. 이에 신하들은 위기를 느끼고 몸을 사렸으며 모반을 생각하는 사람도 상당수였다. 그러나 진 이세는 전혀 아랑곳하지 않고 아방궁을 짓고 도로와 치도馳道(천자나 귀인이 나들이하는 길)를 내느라 백성을 끊임없이 몰아붙였다. 이로 말미암아 세금은 날로 무거워지고 병역과 부역도 끊일 날이 없었다. 결국 초나라에서 빼앗은 술변戍邊 땅의 진승陳勝, 오광吳廣 등이 반란을 모의해 효산崤山 동쪽에서 기병했고 곧이어 영웅호걸들이 벌떼같이 일어나 저마다 제후를 자칭하며 진나라에 반기를 들었다. 그들의 군대는 홍문까지 쳐들어온 후 물러났다.

---

기원전 210년, 진시황은 좌승상 이사李斯와 중차부령中車府令 조

고趙高, 아들 호해 등과 함께 각 지방을 순유하며 자신의 공적을 돌에 새겼다. 그는 돌아오는 길에 사구에서 병사했는데 임종 전에 조고를 시켜 큰아들인 부소扶蘇에게 황위를 물려준다는 내용으로 유서 초안을 작성하게 했다. 그러고는 조서와 옥새를 봉한 후에 이를 사자에게 건네기도 전에 세상을 떠났다.

당시 부소는 섬북陝北 변경의 군영에 있었다. 조고는 기회를 틈타 호해를 사주해서는 좌승상 이사를 위협하여 부고를 숨기고 유서를 바꿨다. 그리고 곧이어 사실을 날조해서 부소와 대장군 맹념 등에게 죄를 뒤집어씌우고는 바로 죽여 버렸다. 이리하여 호해는 21세에 황제로 등극해 진 이세가 되었다.

한편 호해는 막상 황제가 되자 다른 형제들이 자신의 자리를 빼앗을까 봐 조고와 짜고서 무려 20명에 달하는 남자 형제를 모두 죽였다. 그리고 자신에게 불만을 품는 공주 10여 명은 장안, 호현戶縣 일대에서 극도로 잔인한 형벌인 지해肢解(사람의 팔과 다리를 찢어내는 형벌)에 처했다. 게다가 위로는 조정 중신에서부터 밑으로는 군현의 수비병에 이르기까지 그들을 따랐던 사람들 역시 그 누구도 죽음을 면치 못했다. 연좌제로 벌을 받은 사람이 부지기수였고 옥에는 고문당하는 사람이 끊이지 않았으며 형장 주변에는 시체가 산을 이루었다. 이로써 전국이 공포에 휩싸였고 사람들은 저마다 늘 자신의 안위를 걱정했다.

진 이세 3년(기원전 207년) 8월, 유방은 10만 대군을 이끌고 함양에 근접해서 비밀리에 조고와 낭중령郎中令인 그의 동생 조성趙成과 모의하여 사위인 함양령咸陽令 염락閻樂을 보내 진 이세를 죽이도록 했다. 염락은 곧 병사를 이끌고 경양涇陽으로 가 망이궁望夷宮을 포위했다. 그러고는 도적 수색을 핑계로 궁에 침입해 호위병을 죽이고 마침내 호해를 자결하게 했다. 자결밖에 다른 선택이 없었던 호해는 당시 겨우 23세였다.

───── ❈ **지혜가 꼬리를 무는 역사 이야기** ❈ ─────

1380년에 누군가가 주원장朱元璋에게 재상 호유용胡惟庸이 동방의 일본과 결탁하여 주원장을 암살하려 도모한다고 고발했다. 그러자 주원장은 곧바로 호유용을 비롯한 삼족을 주살했다. 그로부터 10년이 지난 후 주원장은 이미 죽은 호유용의 음모와 그 무리를 새롭게 발견했다며 모두 3만여 명을 사형에 처했다. 당시에 죽음을 당한 사람 가운데는 주원장의 사돈과 77세인 이선장李善長도 있었다. 주원장은 『간당록奸黨錄』을 편찬하고 그 부록으로 이선장의 자백 내용을 실어 전국 관리들에게 모두 한 권씩 배포했다.

또 1393년에 누군가가 대장군 남옥藍玉이 모반을 준비한다고 제보하자 당장 그를 감옥에 가두고 고문해 자백을 받아냈다. 결국 남옥은 능지처참당하고 가족들은 몰살당했다. 당시 그의 자백에 따라 연루된 1만 5천여 명도 목숨을 잃었다. 주원장은 이번에는 『역당록逆

黨錄』을 편찬해 전국에 공포했다.

　상황이 이렇게 되자 조정 대신들은 모두 '인인자위人人自危'했다. 오죽하면 다음번에는 자신이 화를 당하는 건 아닐까 싶어 아침마다 조정에 나갈 때면 다시는 보지 못할 것처럼 처자식에게 이별을 고하고 저녁에 집에 돌아간 후에야 가족과 함께 웃을 수 있었다고 한다.

인생의
무기가
되는
사기

2
길에서
만나면
눈짓으로
말을 한다

# 사지에 몰린 후에야
# 산다

置之死地而後生(치지사지이후생)

한신이 대답했다. "이것도 하나의 병법에 속한다. 다만 너희가 주의를 기울이지 않았을 뿐이다. 병법에서 사지에 몰린 후에야 살고 죽음에 몰린 후에야 목숨을 보존한다고 하지 않았나? 평소에 너희들을 훈련할 기회가 없었기에 지금 상황은 전혀 훈련받지 않는 거리의 백성들을 데리고 전쟁에 나가는 것이나 다름없다. 그러니 병사들이 자기 목숨을 지키려면 필사적으로 전투에 임하는 것밖에는 다른 방도가 없다. 달아날 길을 남겨 두면 모두 도망치고 말 터이니 전투에서 어찌 승리할 수 있겠는가?"

---

기원전 204년, 유방은 한신과 장이張耳를 정형으로 보내 조나라를 치게 했다. 이에 조나라 병사는 한군을 막으려고 정형관 문 뒤에 집결해 있었다. 당도한 한군은 잠시 정형의 서쪽 관문 군성君城에 주

둔했다.

당시 조군은 수적으로나 질적으로나 모두 한군보다 우월했고 지형도 조군에게 유리했다. 그러나 적을 과소평가한 조나라 장수 진여陳餘는 정형을 철저히 방어해야겠다는 생각은 못 하고 오히려 나가서 전투를 하려 했다. 한신은 신속히 기병 2천 명을 뽑아 한밤중에 작은 길로 우회하여 조군 군영의 측면에 매복했다.

이튿날 새벽, 한신과 장이는 주력부대를 이끌고 정형관을 나와 면하綿河 동안에 배수진을 치고 조군을 유인했다. 예상대로 조군이 곧 전 병력을 동원해 몰아붙이자 측면에 매복해 있던 한군은 그 틈을 타 조군 군영을 점령하고 놀라 우왕좌왕하는 조군을 전후에서 협공해 대파하고 조 왕도 생포했다.

이 전투는 전쟁 역사상 약자가 강자를 이긴 전투로 유명하다. 전투에서 승리한 후에 장수들이 몰려와 한신에게 승리의 비결을 묻자 한신은 "이것도 하나의 병법에 속한다. 다만 너희가 주의를 기울이지 않았을 뿐이다. 병법에서 사지에 몰린 후에야 살고 죽음에 몰린 후에야 목숨을 보존한다고 하지 않았나? 평소에 너희들을 훈련할 기회가 없었기에 지금 상황은 전혀 훈련받지 않는 거리의 백성들을 데리고 전쟁에 나가는 것이나 다름없다. 그러니 병사들이 자기 목숨을 지키려면 필사적으로 전투에 임하는 것밖에는 다른 방도가 없다. 달아날 길을 남겨두면 모두 도망치고 말 터이니 전투에서 어찌 승리할 수 있겠는가?"라고 말했다. "사지에 몰린 후에야 살고 죽음에 몰린 후에야

2장. 길에서 만나면 눈짓으로 말을 한다

목숨을 보존한다."는 명언은 여기에서 유래한 것이다.

## ──── ❈ 지혜가 꼬리를 무는 역사 이야기 ❈ ────

동한東漢 건무建武 12년(36년) 봄, 오한吳漢은 어부진漁擊津에서 촉蜀의 장수 위당魏黨과 공손영公孫永 등을 물리치고 무양武陽을 포위했다. 연전연승하던 오한은 적을 경시해서는 안 된다는 광무제光武帝의 충고를 새겨듣지 않고 승세를 몰아 보병 2만여 명을 이끌고 멋대로 성도成都로 진격했다. 그들은 일단 성도를 40여 킬로미터 남겨둔 강수江水 북안에 주둔했다. 그리고 한편으로는 강수 상안에 부교를 설치하고 부장 유상劉尙에게 군사 만여 명을 데리고 강수 남안에 주둔하게 했다. 남북의 두 군영의 사이는 80여 킬로미터나 떨어져 있었다.

공손술公孫述은 사풍謝豊과 원길袁吉에게 병사 10여만 명을 주어 20여 개 진영으로 나누고 오한을 공격하게 했다. 또 따로 만여 명을 보내 유상劉尙의 군영을 습격하게 했다. 이렇게 해서 한군이 서로 지원해주지 못하도록 만들려는 계획이었다. 오한이 적과 대전을 치르고 패배해 군영으로 돌아오니 적장 사풍이 오한군을 포위하고 있었다.

오한은 마침내 형세가 심상치 않다는 것을 감지하고 장수들을 소집해 '치지사지이후생置之死地而後生'의 각오로 싸워달라고 당부했다. "비밀리에 병력을 강남으로 보내 유상과 함께 적에 대항하려 한다. 모두 한 마음으로 협력한다면 큰 공을 세울 수 있을 것이나 그렇지 못하면 우리는 묻힐 땅조차 없을 것이다."

오한은 병사들에게 잘 대접하고 말에게 여물을 먹이며 삼 일 동안 병영 밖으로 나오지 않았다. 이때 오한군 병영에는 온통 깃발이 휘날리고 연기가 끊이지 않아 촉나라 군대는 혼란에 빠졌다. 밤이 되자 오한은 마침내 성을 몰래 빠져나와 병사들의 입에 하무(병사들이 떠드는 것을 방지하고자 입에 물리는 나무 막대기)를 물리고 질주하여 강 건너에 있는 유상 부대와 회합했다. 그러나 사풍 등은 이를 전혀 눈치 채지 못했다. 이튿날 사풍은 여전히 강북의 한군을 방어하면서 주력 부대를 이끌고 강남의 한군을 공격했다. 이에 친히 전군을 지휘하며 전투에 참가한 오한은 적군을 대파하고 적장 사풍과 원길을 참수했다.

# 가르칠 만한
# 가치가 있다

孺子可敎(유자가교)

노인이 500미터 정도를 걸어가다가 되돌아와서는 이렇게 말했다.
"자네는 가르칠 만한 가치가 있겠군. 닷새 후 해 뜰 무렵에 여기서 보세."

---

진나라 말년, 한국韓國 귀족 출신 장량張良은 자객을 고용해 박랑
사博浪沙를 순시하던 진시황을 암살하려다가 그만 문제가 생겨 실패하
고 말았다. 그 후 장량은 신분을 숨기고 하비下邳에 숨어 살았다.

어느 날 장량은 발길 가는 대로 걷다가 다리에 도착했다. 거기에
는 낡은 옷을 입은 노인이 한 명 있었다. 그 노인은 천천히 장량의 앞
으로 오더니 갑자기 신발을 벗어 다리 아래로 던져 버렸다. 그러더니
장량에게 명령조로 말했다. "여보게, 내려가서 신발 좀 주워오게." 장
량은 황당해서 노인을 쳐다보았다. 하지만 무척 연로해 보이는 노인

이라 장량은 화를 참고 신발을 주워다 주었다. 그런데 노인은 고맙다는 말은 고사하고 이번에는 "신발을 신기게."라고 말했다.

장량은 한편으로는 화가 났지만 다시 생각해 보니 우습기도 해서 그냥 무릎을 꿇고 노인에게 신발을 신겨 주었다. 그러자 노인은 한 마디 말도 하지 않고 빙그레 미소를 지으며 그곳을 떠났다. 장량은 너무 기가 막혀 못 박힌 듯 그 자리에 서서 멀어져 가는 노인을 멍하게 보고 있었다. 한 500미터쯤 갔을까? 갑자기 되돌아온 노인이 장량에게 말했다. "이보게, 자네는 가르칠 만한 가치가 있겠군. 닷새 후 해 뜰 무렵에 여기서 보세."

약속한 날에 장량은 다리 위로 갔다. 그런데 노인은 벌써 도착해 그를 기다리고 있었다. 노인은 장량은 보자마자 덜컥 화부터 내며 말했다. "어른과 약속을 하고 늦게 나오다니 이게 말이 되는가? 닷새 후에는 일찍 나오게!"

다시 닷새가 지났다. 닭이 울어 새벽을 알리자 장량은 급히 다리로 갔다. 이번에도 노인은 그보다 먼저 다리에 도착해 있었고 장량에게 닷새 후에는 더 일찍 나오라고 당부하고 그냥 가 버렸다. 또 다시 닷새가 지났다. 장량은 이번에는 새벽이 되기도 전에 일찌감치 다리로 나갔다. 잠시 후에 도착한 노인은 장량에게 병서를 한 권 건네며 말했다. "이 책을 열심히 공부하도록 하게. 그러면 장차 황제의 스승이 될 것이네."

장량은 이 『태공병법太公兵法』을 연구하여 후에 한 고조 유방의 책사가 되었고 한나라를 위해 큰 공을 세웠다.

─────── ❀ 지혜가 꼬리를 무는 역사 이야기 ❀ ───────

남당 시대에 화조화花鳥怜에 뛰어난 곽건휘郭乾暉라는 화가가 있었다. 종은鍾隱은 곽건휘를 존경해 그에게 그림을 배우고 싶은 마음이 간절했으나 통 기회가 닿지 않았다. 곽건휘는 무척 보수적이어서 다른 사람에게 자신의 기법을 전수하려 하지 않는 것으로 유명했기 때문이다. 종은은 이름을 바꾸고 곽건휘의 집에 하인으로 들어갔다.

곽가에서 종은은 물과 식사를 나르고 먹을 갈고 붓을 씻으며 궂은일도 마다하지 않고 공손히 주인의 시중을 들었다. 그러면서 기회만 생기면 몰래 곽건휘가 그림 그리는 것을 훔쳐보고 마음속에 그 방법을 새겼다. 한편 사실을 모르는 곽건휘는 일찍 일어나서 밤늦게까지 부지런히 일하는 이 하인이 점점 마음에 들었다. 그래서 그림을 그릴 때 그가 곁에 있어도 그냥 내버려 두었다. 가끔 기분이 고조되었을 때는 그에게 그림 그리는 비결을 몇 마디 이야기해 주기도 했다. 그럴 때마다 종은은 옆에서 그가 하는 말을 한 마디도 놓치지 않고 깊이 새겼다. 이렇게 몇 개월이 흘렀고 종은은 곽건휘가 그림 그리는 비결을 전부 파악하게 되었다.

하루는 종은이 그림을 너무 그리고 싶어서 그냥 자기방 벽에 도요새를 한 마리 그렸다. 그런데 다른 하인이 이를 보고 곽건휘에게 고

했다. 달려와 이 그림을 본 곽건휘는 솜씨가 예사롭지 않은데다 자신의 화풍과 많이 닮았다는 사실을 발견했다. 곰곰이 생각해 보니 종은의 행동이 의심스러웠다. 곽건휘는 종은을 불러 물었다. "설마 네가 화조화를 잘 그린다는 종은은 아니렷다?"

종은은 이제 더는 숨길 수 없다는 것을 감지하고 바로 무릎을 꿇고 사건의 전말을 설명했다. 그리고 마지막으로 자신을 제자로 받아 달라고 간청했다. 곽건휘는 그의 말에 감동받아 그를 부축해 일으키면서 말했다. "유자가교儒子可教로다. 그림을 배우고자 하는 마음이 매우 가상하고 대견하도다. 내 어찌 이런 자네를 제자로 받지 않을 수 있겠는가?" 이 말이 떨어지자 종은은 바로 무릎을 꿇고 스승을 모셨다.

# 세 번 명령하고
# 다섯 번 말하다

三令五申(삼령오신)

호령을 마친 손무孫武는 부월斧鉞 등의 형구를 배치하고 곧이어 이미 내렸던 호령을 여러 차례 반복해서 시범을 보였다. 다시 말해 북을 치면 오른쪽을 보라는 뜻이나 궁녀들은 그저 웃기만 할 뿐이었다.

———————

춘추 시대의 저명한 군사학자 손무는 자신의 저서 『손자병법孫子兵法』을 들고 오吳 왕王 염려閭閭를 알현하러 갔다. 오 왕은 손무의 능력을 시험해보고 싶은 마음에 궁녀 180명을 선발해 훈련을 시켜보라고 했다. 손무는 그들을 두 진영으로 나누고 오 왕이 총애하는 궁녀 두 명을 각각 대장으로 삼았다. 손무는 부월斧鉞(고대 살인용 형구)을 옮겨 오게 하고서 훈련을 시작했다. 그리고 명을 따르지 않으면 처벌하겠다고 여러 차례 반복해서 경고했다. 그런 후에 북을 치는 것은 우향우를 하라는 뜻이라고 가르쳤으나 궁녀들은 명령에 따라 행동하지 않았을 뿐만 아니라 웃기까지 했다. 손무는 이 모습을 보고 이렇게 말했다.

"설명이 바로 되지 않은 것은 장관인 나의 잘못이오."

그러고서 방금 전에 한 설명을 다시 한 번 했다. 그런데도 궁녀들은 웃기만 할 뿐 꼼짝도 하지 않았다. 손무는 양쪽 진영의 대장을 불러내 목을 베어 버렸다. 그리고 다시 앞줄에 선 두 명을 대장으로 삼았다. 그러자 궁녀들은 아무리 복잡한 동작도 열심히 따라하면서 더는 장난으로 여기지 않았다.

────────── ❈ **지혜가 꼬리를 무는 역사 이야기** ❈ ──────────

춘추 시대 초나라 영윤슈尹 손숙오孫叔敖가 구피현苟陂縣 일대에 남북으로 길게 용수로를 건설했다. 이 용수로는 폭도 넓고 길이도 길어서 용수로 주변에 있는 농경지에 물을 충분히 댈 수 있었다.

그런데 가뭄이 들자 수로 부근에 사는 농민들이 하나 둘 물이 빠져나간 제방 근처에 작물을 심기 시작했다. 심지어 제방 한가운데에 씨를 뿌리는 농민도 있었다. 그러다가 우기가 되어 수로에 물이 불어나자 농민들은 농작물을 지키려고 몰래 제방에 구멍을 내서 물을 흘려보냈다. 손숙오는 바로 이 점을 간과했다. 사태는 날이 갈수록 심각해졌고 결국 고심해서 만든 수로는 상처투성이가 되고 말았다. 제방에 구멍이 난 것 때문에 수재가 자주 발생해 이득보다는 오히려 피해가 더 커진 것이다. 이런 상황에서 구피현의 역대 행정 관리들이 아무리 '삼령오신三令五申'해도 전혀 소용이 없었다. 그저 수로에 물이 불어날 때마다 군대를 보내 제방을 고치고 그새 생겨난 구멍을 메우는 수밖에 없었다.

훗날 송宋 대에 이약곡李若谷이 구피현에 임명되었을 때도 같은 문제가 발생했다. 그러나 그는 좀 달랐다. "앞으로 수로에 구멍이 생겨도 군대를 동원해서 수리하지 않을 것이며 수로 근처에 사는 백성은 자신이 낸 구멍을 스스로 메워야 할 것이다."라는 내용의 방을 붙인 것이다. 그러자 그 후로 제방에 몰래 구멍을 뚫는 일은 다시는 발생하지 않았다.

# 친구를 위해서라면
# 죽어도 좋다

刎頸之交(문경지교)

그 말을 들은 염파廉頗가 웃옷을 벗어 상반신을 드러내고 등에 가시나무 가지를 짊어진 채 빈객을 따라 인상여藺相如의 집 문 앞에 가서 사죄했다. "장군께서 저같이 비천한 사람에게 이런 대우를 해 주실 줄은 정말 몰랐습니다!" 이리하여 두 사람은 화해하고 생사를 같이하는 친구가 되었다.

---

인상여가 민지澠池의 회맹에서 큰 공을 세우고 상경上卿에 임명되어 자신보다 관직이 높아지자 염파는 크게 분개했다. 하루는 인상여가 마차를 타고 외출했는데 멀리서 염파의 마차가 오는 것이 보였다. 인상여는 급히 방향을 돌려 작은 골목으로 비키고는 염파의 마차가 먼저 지나가도록 했다. 하인이 그런 행동에 불만을 나타내자 인상

여는 이렇게 말했다. "지금 가장 강력한 진나라도 감히 조나라를 침략하지 못하고 있는 것은, 바로 나와 염 장군이 있기 때문이다. 나와 염 장군이 서로 다투기라도 한다면 진은 그 기회를 타 당장 조나라를 침략할 것이다. 그래서 내가 염 장군에게 계속 양보하는 것이지 그가 두려워 이러는 것이 아니네. 모든 것이 다 나라를 위한 것이야."

이 말은 염파의 귀에도 들어갔다. 염파는 부끄러워하며 진심으로 인상여에게 사죄했다. 그 뒤로 두 사람은 생사를 같이 하는 사이가 되었고 조국을 위해 한마음 한뜻으로 노력했다.

────── ❈ **지혜가 꼬리를 무는 역사 이야기** ❈ ──────

삼국 시대, 손책孫策은 원술袁術 휘하에서 강동을 소탕한 후 단양丹陽으로 돌아가 그곳을 지키기로 했다. 그러나 어려서부터 손책과 절친했던 주유周瑜를 원술이 잡았다.

주유는 성격이 밝고 기품이 있으며 음률에 정통했다. 술에 취했을 때도 음률이 틀린 것을 잡아낼 정도여서 원술에게 두터운 신임을 받았다. 원술은 주유의 재능을 아껴 그를 장군으로 임명했으나 주유는 원술이 큰일을 할 인물이 아니라고 생각해 이를 거절했다. 그러고는 온갖 궁리를 한 끝에 손책의 수하로 들어가 낭장郎將이 되었다. 손책은 그를 후하게 대했고 이 둘은 '문경지교刎頸之交'를 맺었다. 게다가 두 사람은 훗날 국색이라 불리는 이교二喬 자매와 동시에 결혼해 동서

지간이 되었다.

손책이 암살당해 죽은 뒤로 주유와 장소張昭는 함께 손권을 보좌하며 중호군中護軍이 되어 군정 대사를 맡았다. 적벽대전에서 주력군을 이끌고 조조에 대항했고 전군을 지휘하며 오림烏林에서 적을 물리쳤다. 적벽대전 후에 주유는 손권에게, 유비를 위로하는 의미에서 오군吳郡에 미녀들과 노리개를 하사하여 눈과 귀를 즐겁게 함으로써 그가 의지를 상실하게 하자고 건의했다. 그러나 손권은 이를 받아들이지 않았다.

나중에 손권은 주유의 건의를 받아들여 병사를 이끌고 촉나라 영토를 공격해 장로張魯를 섬멸했다. 그리고 그런 다음에는 조조를 쳤다. 주유는 강릉江陵에서 군사 준비를 할 때 파릉巴陵에서 죽었는데 안타깝게도 당시 그의 나이는 겨우 36세였다. 손권은 그를 위해 소복을 입고 장례를 치러 주었다.

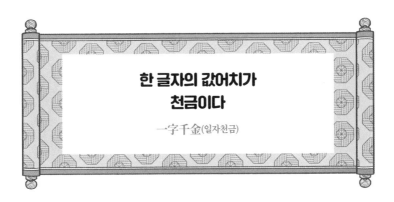

한 글자의 값어치가
천금이다

一字千金(일자천금)

여불위는 식객들에게 자신이 보고 들은 것을 기록하라고 명했다. 그러고는 이를 집대성하여 팔람八覽·육론六論·십이기十二紀 등 모두 20만여 자에 이르는 책을 편찬했다. 그는 이 안에 천지 만물과 고금의 이치가 모두 들어 있다고 생각해 이를 『여씨춘추呂氏春秋』라고 명명했다. 그리고 이 사실을 함양성 성문에 공표했다. 그리고 그 위에 1천 금을 걸고 제후와 각국 선비와 빈객을 초청해 그 누구라도 한 글자를 첨삭하는 사람에게 상금으로 내리겠다고 했다.

---

전국 시대 말기에 여불위라는 대상인이 있었다. 그는 조나라에서 장사를 할 때 당시 볼모로 잡혀와 있던 진의 장양왕莊襄王 자초를 도와주었고 자신의 첩 조희趙姬를 자초에게 아내로 주기까지 했다. 자

초가 제위에 오른 뒤에 여불위는 문신후文信侯에 봉해졌고 승상의 자리까지 올랐다. 장양왕이 죽은 다음에 13세인 그의 아들 영정反政이 왕위를 물려받으니 그가 바로 역사적으로 유명한 진시황始皇이다. 그는 여불위를 중부仲父라 부르며 존경을 표했다.

당시에는 문객을 두는 것이 성행해 여불위도 3천여 명에 달하는 문객을 두었다. 문객은 그야말로 온갖 종류의 사람이 다 있었다. 이런 사람들 각자의 견해와 깨달은 바를 모아 집대성한 거작이 바로『여씨춘추』이다. 여불위는 이 책을 진나라 통일의 경전으로 삼았다. 당시 여불위는 이 책들을 진나라 수도인 함양에서 공포하고 한 글자라도 첨삭할 수 있는 사람에게는 상금 1천 금을 내리겠다고 했다. 그 후로 '일자천금一字千金'이라는 말이 전해진다.

────────── ❈ **지혜가 꼬리를 무는 역사 이야기** ❈ ──────────

당唐의 현장玄奘 법사는 온갖 고난을 다 겪으며 서역에서 경전을 구해 장안으로 돌아왔다. 현장 법사의 불교에 대한 독실함과 식을 줄 모르는 불법 탐구 정신은 당 태종을 감동시켰다. 당 태종은 현장이 번역한 불교 경전에 친히 서문을 썼고 태자 이치李治가 간략한 해설과 감사의 글을 덧붙였다. 이 세 가지를 더해『삼장성교서三藏聖教序』라고 한다.

태종은 이것으로는 부족하다 여겨『삼장성교서』를 석비로 만들어 당의 불교 문화를 널리 전파했다. 이 석비가 바로 그 유명한 '대당 삼장성교서비大唐三藏聖教序碑'이다. 이렇게 만들어진 책을 옮겨 쓸 만한 사람이 과연 몇이나 되겠는가? 당나라에는 물론 실력 있는 서예가들이 넘쳤지만 태종은 그 일을 맡을 사람은 오직 왕희지王羲之(중국 진晉 나라의 서예가)뿐이라고 생각했다.

어쩔 수 없이 장안 홍복사弘福寺의 고승 회인懷仁이 왕희지체를 집자하여 비석에 새겼다. 그런데 서문에 있는 세 글자는 아무래도 글씨체를 구할 수가 없었다. 고민하던 회인은 결국 방을 붙여 '부족한 왕희지체 세 글자를 찾아주면 한 글자 당, 금 천 냥을 준다一字千金'고 했다. 그래서 마침내 수집가 세 명에게서 각각 한 글자씩을 살 수 있었다.

# 위나라를 포위하여
# 조나라를 구하다

圍魏救趙(위위구조)

전기田忌는 구원병을 이끌고 곧바로 조나라로 갔다. 그러자 손빈이 말했다. "무조건 힘으로 당겨서는 엉클어진 실을 풀 수 없습니다. 싸우고 있는 사람을 구하고 싶다면 절대 그 싸움에 말려들어서는 안 됩니다. 이때 그들의 급소를 공격하면 상황이 여의치 않으니 어쩔 수 없이 스스로 문제를 해결할 것입니다. 지금 위와 조, 두 나라가 서로 싸우고 있는데 출병한 위나라 정예 부대가 밖에서 기력이 빠지면 국내에 남아 있는 부상병들은 더욱 상황이 비참해질 것입니다. 당신은 군대를 이끌고 신속히 대량으로 가서 그들의 교통 요충지를 점령하고 수비가 허술한 곳을 공격하십시오. 위나라는 반드시 조나라를 포기하고 병사를 돌려 자국으로 갈 것입니다. 이렇게 되면 우리는 조나라의 포위를 뚫고 동시에 위나라는 자멸하고 말 것입니다."

---

기원전 353년에 방연龐涓은 위나라 국왕 혜왕惠王의 명을 받고 조나라 정벌에 나서 조나라의 도성 한단을 겹겹이 포위했다. 매우 위급한 상황에 처하자 조나라 왕 성후成侯는 제나라에 사자를 보내 구원병을 요청했다. 제나라 위왕威王은 흔쾌히 승낙하고 전기를 대장, 손빈을 참모로 임명해 조나라에 구원병을 파견했다.

　　전기는 누구보다 용맹한 장수였지만 지모가 부족했다. 전기는 명령을 받고 나서 바로 한단으로 진격해 위나라 군대와 싸우려고 했지만 손빈은 이에 동의하지 않았다. 손빈은 이 기회를 이용해 병사를 이끌고 위나라 도성 대량으로 가서 그들의 교통 요지를 점거하고 수비가 허술한 곳을 습격하자고 했다. 이렇게 하면 조나라의 위급한 상황을 해결함과 동시에 위나라의 기세도 꺾을 수 있다고 생각한 것이다. 전기는 손빈의 말에 일리가 있다고 생각해 병사를 이끌고 위나라의 도성 대량으로 갔다.

　　제나라의 대군이 막 계릉桂陵에 도착했을 때 손빈은 군대를 매복시켰다. 그리고 방연도 제나라 군대가 대량을 칠 것이라 예상하고 있었기에 도성을 구원하고자 즉각 조나라에서 철병하여 제나라 군대가 매복해 있는 계릉에 도착했다. 제나라 군대는 명령이 떨어지기만 하면 길 양쪽에서 동시에 공격하려고 만반의 준비를 하고 있었다. 피로에 지친 위나라 군대는 갑작스런 습격을 받고 막아낼 재간이 없어 사상자와 부상자가 속출했다. 얼마 버티지 못하고 그들은 여지없이 패배하고 말았다. 조나라 사상자는 2만여 명에 달했으며 제나라 군대는 큰 승리를 거두고 돌아왔다.

역사상 이 전투는 '계릉桂陵 전투'라고 불린다.

## ━━━━ ❈ 지혜가 꼬리를 무는 역사 이야기 ❈ ━━━━

1860년에 청나라 군대는 화춘和春을 보내 태평천국의 도성 천경天京(지금의 장쑤江蘇 난징南京)을 공격했다. 수적으로 우세했던 청나라 군대는 천경을 겹겹이 포위해 고립시켰다. 젊은 장군 충왕忠王 이수성李秀成은 태평천국의 천왕 홍수전洪秀全에게 계략을 하나 내놓았다. "천왕께서 저에게 병사 2만을 주시면 포위를 뚫고 적군의 군량이 있는 항주를 습격하겠습니다. 그러면 적은 분명히 군사를 나눠 항주로 구원을 보낼 것입니다. 그때 천왕께서 포위망을 뚫고 나오시면 저도 천경으로 돌아와 양쪽에서 협공을 펴겠습니다. 그러면 지금의 위기를 돌파할 수 있사옵니다." 그러자 영왕英王 진옥성陳玉成도 자신에게 병사를 주면 충왕과 협력하여 작전에 참여하겠다고 했다.

그런데 청나라 장군 화춘和春은 두 왕이 포위를 뚫고 도주하는 것을 보고도 이를 대수롭지 않게 여기고 추격하지 않았다. 진옥성은 곧장 호주湖州로 갔다. 비가 내리던 어느 날 밤, 이수성은 병사 천 명이 높은 사다리를 타고 성에 몰래 진입하게 해서 성문을 뚫고 들어가 항주를 공략했다. 그리고 천경을 포위하고 있는 청군을 유인해 내고자 군량을 불태우게 했다.

화춘은 이 소식을 듣고 황급히 항주로 달려갔다. 그러자 이를 기다리던 홍수전의 전 부대가 출격하여 항주와 호주에서 돌아오는 이수성, 진옥성 부대와 함께 협공을 펼쳤다. 태평천국 군은 충왕 이수성의 '위위구조圍魏救趙' 계략으로 청군을 대파하고 천경의 포위망을 성공적으로 뚫었다.

# 길에서 만나면
# 눈짓으로 말을 한다

道路以目(도로이목)

34년, 려왕厲王은 더욱 냉혹해졌고 도성 사람들은 아무도 감히 말을 하려 들지 않았다. 길에서 만나도 서로 눈빛만 교환할 뿐이었다.

---

주나라 려왕 통치 시대에 일반 백성이 생업으로 삼아 온 여러 분야가 갑자기 왕실 소유로 바뀌자 민생은 도탄에 빠지고 백성의 원망이 들끓었다. 그러나 려왕은 간언을 들으려 하지 않았을 뿐 아니라 오히려 위무衛巫를 초빙해 사람들이 하는 말을 엿들었다. 위무가 반역을 꾀하거나 비방을 한다고 지적하는 사람은 바로 하옥되거나 처형됐다.

얼마 지나지 않아 호경鎬京에서 려왕을 비방하는 목소리는 들을 수 없었다. 사람들은 아예 입을 막고 말을 하지 않았다. 길에서 친지나 친구를 만나도 눈빛으로만 려왕에 대한 불만을 주고받을 뿐이었다.

려왕은 크게 기뻐하며 말했다. "드디어 나를 비방하는 소리가 뚝 끊겼구나!" 이때 대신 소공召公이 나서서 충언을 했다. "이런 식으로 백성의 입을 막는 것은 강줄기를 막는 것과 같습니다. 그 강줄기가 일단 터지면 더 큰 화를 불러올 것입니다. 백성의 입을 막아 생기는 화는 강줄기를 막는 것보다 훨씬 크다는 것을 명심하셔야 합니다."

삼 년 후 정말로 백성이 폭동을 일으켰고 순식간에 왕궁까지 쳐들어왔다. 주 려왕은 체巡로 탈출해 그곳에서 14년을 살다가 죽음을 맞았다. 역사에서는 이 사건을 '국인國人 폭동'이라고 부른다.

## ❈ 지혜가 꼬리를 무는 역사 이야기 ❈

명나라 천계天啓 연간, 경사 안팎으로 위충현魏忠賢의 첩자가 널리 퍼져 있었다. 누군가가 뒤에서 몰래 그의 욕을 하는 것이 첩자의 귀에 들어가면 그 자리에서 잡혀가 고문을 당했고 때로는 혀를 뽑히거나 가죽이 벗겨지는 혹형에 처해지기도 했다. 온 거리에는 곧 '도로이목道路以目'이란 말이 돌았고 공포 분위기로 얼어붙었다.

기록에 따르면 네 사람이 술집에 모여 술을 마시다가 그중에 술을 좀 과하게 마신 한 사람이 위충현의 악행을 토로하자 다른 한 사람이 분개하며 이렇게 말했다고 한다. "위충현이 아무리 대단하다 해도 사람의 가죽을 벗기고 뼈를 바르지는 못하겠지."

이 네 사람은 술을 다 마시기도 전에 술집에 들이닥친 몇 사람에게 끌려갔다. 그들이 도착한 방에는 화려한 관복을 입은 사람이 앉아 큰 소리로 위충현을 욕한 사람의 가죽을 벗기라고 했다. 말이 떨어지기가 무섭게 그 사람의 손과 발을 목판에 고정하고 전신에 용화된 역청을 뿌렸다. 역청이 식으면서 점차 응고되면 다른 사람이 와서 망치로 쳐서 역청과 함께 사람의 가죽을 벗겨냈다.

나머지 세 사람은 이 장면을 목격하고 혼비백산했다. 풀려난 후에 이 세 사람이 화려한 복장을 하고 있던 사람에 대해 말하자 듣고 있던 사람이 놀라서 "그 사람이 바로 구천세九千歲의 위공공입니다."라고 말했다.

## 공무에 충실하고
## 법을 지킨다

### 奉公守法(봉공수법)

조사趙奢가 기회를 틈타 말했다. "조나라의 귀공자인 당신이 지금 공무에 충실하지 않고 법령을 무시하면 결국 국가의 법령이 무력해지고 그렇게 되면 제후들이 출병해 침략해 올 것입니다. 제후들이 출병해 조나라를 침략하면 당신의 부를 지킬 수 있을 것이라 생각하십니까? 당신과 같은 높은 지위에 있는 사람이 공무에 충실하고 법을 지켜 모든 백성을 공평하게 대한다면 나라가 강대해지고 조 씨 정권도 더욱 안정될 것입니다. 당신은 조나라의 귀족으로서 백성들을 무시할 수 있습니까?"

---

전국 시대, 조사는 20세쯤에 조나라가 전조田租를 징수하던 곳에서 지방 관리로 있었다.

한번은 평원군平原君 집의 주사主事 아홉 명이 평원군의 권세를 등에 업고 세금을 내려 하지 않자 조사는 이들을 바로 처형했다. 평원 군 조승趙勝은 제나라 맹상군孟嘗君·위나라 신릉군信陵君·초나라 춘신 군春伸君과 함께 '전국 사공자戰國四公子'라 불린 사람이다. 이들은 식객 을 3천여 명이나 거느렸다고 한다. 식객을 수천 명이나 양성할 수 있 다는 것은 당시 권세가 상당했다는 것을 의미한다. 조사가 평원군의 주사를 죽인 것은 당연히 평원군을 불쾌하게 했다.

평원군은 주사가 피살되었다는 소식을 듣고 크게 분노했다. 조 나라에서는 어느 한 사람도 조승 집에서 키우는 개 한 마리 건드리지 않는데 주사를 죽였으니 당장 조사를 불러 죽여야겠다고 생각했다. 그러나 조사는 평원군 앞에서 당당하게 말했다. "조나라의 귀공자인 당신이 지금 공무에 충실하지 않고 법령을 무시하면 결국 국가의 법 령이 무력해지고 그렇게 되면 제후들이 출병해 침략해 올 것입니다. 제후들이 출병해 조나라를 침략하면 당신의 부를 지킬 수 있을 것이 라 생각하십니까? 당신과 같은 높은 지위에 있는 사람이 공무에 충실 하고 법을 지켜 모든 백성을 공평하게 대한다면 나라가 강대해지고 조 씨 정권도 더욱 안정될 것입니다. 당신은 조나라의 귀족으로서 백 성들을 무시할 수 있습니까?"

이 말을 듣고 금방 자신의 잘못을 깨달은 평원군은 그를 혼내기 는커녕 오히려 조 왕에게 추천했다. 평원군의 추천을 받은 조사는 전 국적으로 세수를 관리하는 일을 맡게 되었다. 조사의 관리 하에 조나 라 세무는 공평하고 합리적으로 처리되었고 이에 힘입어 국력이 크게

2장. 길에서 만나면 눈짓으로 말을 한다

증강되었다.

당나라의 저명한 정치가 송경宋璟은 17세의 어린 나이에 진사에 급제했다. 당시는 무후武后가 정권을 손에 넣었을 때로, 송경은 봉각사인鳳閣舍人에서 어사중승御史中丞이 되었다. 그리고 예종睿宗이 황제가 된 후에는 재상이 되었다. 그러나 훗날 태평공주太平公主를 동도에 거주시키자고 주청했다가 좌천당하고 말았다. 그러다가 현종 집정 후에 저명한 정치가 도숭桃崇의 추천으로 광주 도독에서 다시 도성으로 올라와 재상이 되었다.

송경은 모두 사 년 동안 재상 직에 있었다. 그동안 그는 사리사욕을 탐하지 말고 '봉공수법奉公守法'하라고 말했다.

한번은 후선관後選官이 된 그의 숙부 송원초宋元超가 이부吏部에 자신을 우선적으로 대우해줄 것을 요구했다. 송경은 이 소식을 듣고 그를 우선 고용하지 않았을 뿐 아니라 이부에도 사적인 이유로 공적인 것을 희생해서는 안 된다고 당부했다.

『사기』의 기록에 따르면 당나라 때에는 해마다 각 도에서 사람을 보내 정기적으로 황제와 재상에게 업무 보고를 하는 규정이 있었다. 수도에 도착한 사자는 대개 진귀한 보물을 들고 와서 여기저기에 선물을 하고 뇌물을 주었으며 많은 관리가 이 뇌물을 받고 그 대가로 사자들을 승진시키기도 했다. 이에 크게 불만을 품은 송경은 현종을 직접 알현해 관리들이 받은 선물을 모두 강제 반환하게 하고 뇌물 수수의 나쁜 관행을 뿌리 뽑자고 건의했다.

# 원숭이가
# 갓을 쓰다

沐猴而冠(목후이관)

항우를 설득하던 사람이 말했다. "사람들이 초나라 사람은 미후獼猴에게 모자를 씌워 놓은 것과 같다 하더니 정말 그렇사옵니다." 항우는 이 말을 듣고 바로 그 사람을 솥에 넣어 삶아 죽였다.

___

항우는 진 왕조를 멸망시킨 후에 함양성이 심하게 파손된 모습을 보고 관동으로 돌아갈 채비를 했다. 그는 유방과 천하를 두고 벌인 전쟁에서 우위를 차지했다는 생각에 매우 거만해 있었다. 그때 누군가가 그에게 권고했다. "관중 지역은 지대가 험난하고 토지가 비옥하니 수도로 삼고 패왕이 되기에 적합합니다." 그러나 항우는 이에 동의하지 않았다. 그는 사람이 높은 관직을 얻거나 부자가 되고 나서 고향으로 돌아가 자랑하지 않으면 아무것도 보이지 않는 한밤중에 비단옷을 입고 걷는 것처럼 전혀 소용이 없다고 생각했던 것이다.

당시는 초나라와 한나라의 전쟁에서 가장 중요한 시기를 맞고 있었다. 그런 와중에 이런 실질적이지 못한 생각을 한다는 것은 그의 조급한 성격과 정치적 안목이 부족함을 여실히 보여 주었다. 그리고 이는 초나라의 앞길에도 어두운 그림자를 드리웠다. 그래서 그 사람은 분개하며 말했다. "사람들이 초나라 사람들은 미후獼猴에게 모자를 씌워 놓은 것과 같다 하더니 정말 그렇사옵니다."

항우는 이 말을 한 사람을 처형했지만 결국 자신의 행동으로 그가 선견지명이 있었음을 증명하는 꼴이 되고 말았다. 항우는 마침내 해하垓下에서 패전하고 오강烏江으로 퇴각했다. 그러고는 강동에 있는 부모님을 뵐 면목이 없어 자결했다.

---
### ❖ 지혜가 꼬리를 무는 역사 이야기 ❖
---

수隋나라 말기에 양현감楊玄感은 수隋 양제煬帝를 칠 생각으로 장안에 사람을 보내 친구 이밀李密을 여양黎陽으로 데려오게 했다.

양현감은 이밀에게 가르침을 청했다. "수 양제를 치려면 이번 싸움을 어떻게 하면 좋겠나?" 이밀이 대답했다. "관군을 치려면 세 가지 방법이 있네. 첫째는 황제가 현재 요동遼東에 있으니 병사를 이끌고 북상해 그의 퇴각로를 막는 것이지. 앞에는 고려가 있고 뒤는 퇴각로가 막혀 열흘 안에 군량이 떨어질 테니 전투를 하지 않고도 쉽게 승리를 거둘 수 있을 것이네. 이것이 상책이지. 둘째는 서쪽의 장안을 빼앗아 그들의 오랜 근거지를 손에 넣는 것이네. 관군이 퇴격하려 한다면 우리는 지세가 험준한 관중 지역을 거점으로 삼는 것이야. 이것이 중책이지. 셋째는 동도인 낙양을 공략하는 것이네. 그렇지만 이것은 가장 좋지 않아. 아직 조정의 군대가 상당수 남아 지키고 있어서 금방 함락시킬 수는 없을 테니 말이야."

명문가 출신인 양현감은 비록 병권을 장악하고 있었지만 '목후이관沐猴而冠'의 도련님에 불과했다. 그는 이 세 가지 계책을 듣고 앞의 두 가지는 시간이 너무 많이 걸린다고 생각해 이렇게 말했다. "아무래도 하책을 쓰는 것이 가장 좋겠네. 지금 조정 관리의 가족들이 모두 동도에 있지 않은가. 우리가 동도를 치고 그들의 가족을 포로로 잡으면 관군은 마음이 동요되어 반드시 승리를 거둘 수 있을 것이네."

양현감은 여양黎陽에서 출병해 동도를 쳤다. 그러자 수 양제는 우문술宇文述 등 장군에게 대군을 함께 보내 여러 방향에서 양현감을 공격했다. 이를 버티지 못한 양현감은 서쪽 장안으로 퇴각하고 싶었지만 마침내는 우문술 군대의 추격을 받고 막다른 길에 몰려 피살되고 말았다.

# 뜻을 이루고 나서
# 우쭐거리고 뽐내다

揚揚得意(양양득의)

안자晏子가 제나라 재상으로 있을 때 하루는 마차를 타고 외출하는데 마부의 아내가 문틈으로 몰래 자신의 남편을 엿보았다. 그의 남편은 그저 보잘 것 없는 재상의 마부일 뿐이나 머리 위에 마차 덮개가 있고 채찍을 휘두르며 네 마리 말을 몰고 가는 모습이 매우 자신감이 넘쳐 보였다. 얼마 후 마부가 집에 돌아오자 그의 아내는 이혼을 요구했다.

---

안영晏叛이 제齊 경공景公 시절에 재상을 지낼 때 하루는 마차를 타고 외출을 하다가 마부의 집을 지나쳤다. 그때 마부의 아내가 문틈으로 남편을 몰래 엿보고 있었다. 그녀의 남편인 재상의 마부는 바삐 마차를 몰며 우쭐대고 득의양양한 모습이었다.

마부가 집에 돌아온 후 부인은 그에게 떠나달라고 했다. 마부가 그 이유를 묻자 부인이 대답했다. "안자의 키는 육 척이 채 못 되는데 제나라의 재상이 되어 천하에 그 이름을 알렸습니다. 그리하여 각국의 제후들이 모두 그를 알고 존경합니다. 오늘 제가 재상을 보니 지략이 뛰어나고 겸손한 표정이셨습니다. 그런데 당신은 키가 팔 척이나 되긴 하지만 그의 집 마부에 불과하면서도 자만해 있는 모습을 보고 당신을 떠나겠다고 결심했습니다." 아내의 말을 듣고 마부는 그 뒤로 한층 더 겸손하고 친절해졌다. 안영은 이런 변화를 감지하고 마부에게 그 이유를 물었다. 그러고는 마부가 잘못을 지적당하고서 바로 고치는 모습을 보고 쓸 만한 사람이라 생각해 그를 제나라 대부大夫로 추천했다.

─────── ❋ **지혜가 꼬리를 무는 역사 이야기** ❋ ───────

당나라 때 재상 이임보李林甫가 병사하자 양귀비楊貴妃의 친척 오빠 양국충楊國忠은 외척의 힘을 업고 재상 자리에 올랐다. 그러나 양국충은 원래 건달 출신이라 안녹산安祿山은 그를 무시했고 그도 안녹산이 마음에 안 들었다. 그래서 두 사람은 늘 갈등을 빚었다. 심지어 양국충은 현종 앞에서 수차례나 안녹산이 모반을 꾀한다고 고했다. 그러나 현종은 당시 안녹산을 매우 신임해 그의 말을 믿지는 않았다.

그런데 그로부터 얼마 지나지 않아 안녹산은 조정에서 범양范陽의 장수 32명을 모두 소환하고 대신 자신의 측근을 새로 위임해 파견했다. 이에 당 현종이 친히 조서를 써서 안녹산을 장안으로 불렀지만 안녹산은 병을 핑계로 오지 않았다. 당 현종은 그제야 안녹산을 의심하기 시작했다.

천보天寶 14년(755년) 10월, 안녹산은 철저한 준비를 끝내고 반란을 일으켰다. 양국충은 자신의 선견지명에 '양양득의揚揚得意'했지만 미처 안녹산의 반란을 어떻게 진압할지는 생각하지 못했다. 결과적으로 얼마 지나지 않아 반란군이 황하를 건너 곧바로 낙양까지 진격해 들어왔고 통제할 수 없는 상황까지 치달았다. 그 후 동관潼關을 빼앗긴 당 현종과 양국충은 양귀비와 일부 황손을 데리고 진현찰陳玄札과 금위군의 호위를 받으며 몰래 궁을 탈출해 장안으로 피난을 갔다.

# 시장과 길거리에서
# 이루어지는 교제

市道之交(시도지교)

손님이 말했다. "에이, 당신의 견해는 어찌 이리도 낙후되었단 말이오? 천하 사람이 모두 시장에서 교역하듯 교제를 합니다. 당신이 권세가 있을 때는 우리 모두 당신을 따를 것이나 당신에게 권세가 없으면 우리는 당신을 떠날 것이오. 이것은 아주 평범한 이치입니다. 그런데 무슨 불평이 있을 수 있겠습니까?"

---

춘추 전국 시대, 염파는 조나라의 유명한 장군이었다. 그는 수차례 제나라, 위나라 등을 치고 조나라를 위해 혁혁한 공을 세웠다. 그래서 조의 혜문왕惠文王은 그를 상장군에 임명했다.

그가 중용 받던 때는 많은 대신과 귀족·명인·현자들이 그의 집을 찾아가 함께 술을 마시고 즐겁게 지냈다. 그리고 진나라와 조나라의 장평長平 전투에서 조 효성왕孝成王은 염파를 스승으로 모시기도 했다. 그렇지만 얼마 후에 진나라의 이간질에 걸려든 효성왕은 조괄趙括을 장군으로 임명하고 염파를 파면해 버렸다. 염파가 한단으로 돌아가자 그의 친구들은 즉각 그와 절교하고 눈길도 주려 하지 않았다.

한참이 지나 진나라 장군 백기白起가 장평에서 조괄의 군대를 크게 물리치고 조나라 병사 40만 명을 생매장했다. 이리하여 조나라의 원기가 크게 상하자 다급해진 조왕은 염파를 다시 기용하여 군사권을 맡겼고 그러자 전에 그를 떠났던 친구들도 다시 돌아와 그를 축하해 주었다. 그러나 성격이 강직했던 염파는 이런 상황을 참지 못하고 그들을 모두 쫓아냈다.

그중에 한 사람이 얼굴색을 바꾸고 미소까지 지으며 염파에게 말했다. "화내지 마시오. 친구를 사귀는 것은 사업하는 것과 비슷하다오. 돈벌이가 되는 일에는 누구나 달려들고 손해 볼 것 같으면 아무도 나서지 않는 법이오. 친구를 사귀는 것도 바로 같은 이치라오." 이 말을 들은 염파는 현실을 직시하고 길게 한숨을 내쉬었다. "이야말로 '시도지교市道之交'로다."

──────── ❖ **지혜가 꼬리를 무는 역사 이야기** ❖ ────────

춘추 시대, 제나라 민왕湣王은 재상 맹상군孟嘗君을 의심해 재상 자리를 뺏고 그를 좌천시켜 설薛 땅으로 보냈다. 이 소식을 듣고는 문객들이 모두 그를 떠났다. 그때 오직 풍훤馮媛이라는 사람만 그를 따라 마차를 끌고 설 땅으로 갔다. 그리고 진 소왕昭王을 찾아가 설 땅에 있는 맹상군을 진나라로 불러 달라고 설득했다. 그러고는 제나라의 민왕에게 이 소식을 전했다. 이 소식을 들은 민왕은 크게 화를 내더니 곧 사절을 보내 맹상군을 불러들이고 그를 재상 자리에 복위시켰다. 그리고 맹상군에게 천 호를 더 내렸다. 결국 진의 사자는 설 땅에 도착하긴 했으나 맹상군이 이미 제나라 재상으로 복위되었다는 것을 알고 하는 수 없이 진나라로 돌아가야 했다.

맹상군이 재상 자리를 되찾자 그를 떠났던 문객들이 차례로 돌아왔다. 이 상황을 보고 맹상군이 풍훤에게 말했다. "나는 본래 문객을 좋아해 그들에게 실례를 범한 적이 없으나 내가 재상 자리를 상실하니 문객들은 나를 버리고 떠났소. 지금 선생 덕분에 재상 직을 회복하니 집을 나갔던 문객들이 돌아오는구려. 이들이 대체 무슨 면목으로 돌아와 나를 대한단 말이오?" 그런 그에게 풍훤은 이렇게 말했다. "영욕과 성쇠는 사물의 당연한 이치입니다. 재상께서는 대도의 저잣거리에 나가 보신 적이 없으십니까? 아침에는 번화하지만 해가 지고 난 후에는 쇠락하니 이때는 원하는 물건이 이미 사라졌기 때문입니다. 그래서 부귀할 때는 많은 사람이 서로 사귀려 하고 빈곤할 때는 주변에 사람이 적어지는 것입니다. 이것은 '시도지교市道之交'의 원리입니다. 그런데 재상께서는 어찌 이를 탓하십니까?" 말을 듣고 맹상군은 전처럼 문객을 대했다.

인생의
무기가
되는
사기

덕에 있지
지형의
험준함에
있지 않다

# 사방에서
# 초나라 노래가 울린다

### 四面楚歌(사면초가)

항우의 부대가 해하에서 군영과 보루를 건설하고 있었다. 병사의 수도 적고 군량까지 떨어져 가는 상황에서 한군과 제후국 군대가 그들을 겹겹으로 에워쌌다. 밤이 깊었을 때 한군이 사방에서 초나라 노래를 부르자 항우가 크게 놀라며 말했다. "설마 한군이 이미 초나라 땅을 전부 손에 넣었단 말인가? 어찌 초나라 사람이 이토록 많은 것인가?"

---

기원전 202년, 한신은 팽월彭越의 군대와 회합하여 해하에서 항우의 군대를 포위했다. 초나라 병사들은 부상자와 사상자 수가 거의 절반에 달했고 사방이 적으로 둘러싸였다. 항우는 해하의 군영으로 돌아가 장수들에게 방어에 힘쓰라고 분부함과 동시에 출전할 기회를 엿보고 있었다. 밤이 되자 사방에서 한나라 군이 초나라 노래를 부르

기 시작했고 항우는 크게 놀라 말했다. "한군이 이미 초나라를 정복했단 말인가? 어찌 한군 중에 초나라 노래를 부를 줄 아는 이가 이토록 많단 말인가?"

결국 잠을 이루지 못하고 한밤중에 깨어난 항우는 군영에서 그와 원정길을 함께 한 부인 우희虞姬를 앞에 두고 술을 마셨다. 비분강개해진 그는 노래를 한 곡 불렀다. "산도 뽑을 것 같은 힘과 세상을 다 덮을 것 같은 기개가 있어도 사정은 불리하고 오추마烏騅馬도 달리려 하지 않으니 이를 어찌한단 말인가? 우희야, 우희야, 너를 어찌할까나."

항우의 노래가 끝나자 우희가 대구를 달았다. "한군이 이미 침략했고 사방에서 초나라 노래가 들리네. 대왕의 기개가 다 꺾였으니 그의 미천한 처는 어찌 살리." 그러고는 스스로 목숨을 끊었다. 항우는 병사 800여 명을 데리고 부상당한 맹호처럼 오추마를 타고 밤새 달려 마침내 포위를 뚫고 남쪽으로 피했다. 한군은 날이 밝아서야 그 사실을 알아차리고 곧바로 기병 5천 명을 보내 추격했다. 항우가 회하를 건널 때 함께 있던 병사는 겨우 100명 남짓이었다.

그들은 오강烏江(지금의 안후이安徽, 허현和縣 동북쪽 지역)에 도착했을 때 하필이면 길을 잃고 늪지대에 빠지고 말았다. 설상가상으로 한군의 추격까지 더해져 항우는 결국 그곳에서 31세로 생을 마감했다.

서한西漢 무제武帝 때 한나라가 하남河南 지역의 영토를 빼앗고 삭방군朔方郡을 설치한 데 불만을 품은 흉노 우현왕右賢王은 한의 변경 지대를 수차례 침략하며 하남의 삭방을 습격했다. 원삭元朔 5년(기원전 124년) 봄, 무제 유철劉徹은 기병 10여만 명을 보내 북방 변경 지대에서 흉노에 반격했다. 그는 위청衛靑에게 소건蘇建·이저李沮·공손하公孫賀·이채李蔡 등 장군을 보내 삭방 고궐高闕로 가게 했다. 그리고 대행大行 이식李息과 안두후岸頭侯 장차공張次公을 장군으로 삼아 우북평右北平에서 출격하여 우현왕부를 견제하게 했다.

위청은 군사를 이끌고 변방 밖으로 6~700리까지 나가 어둠을 틈타 우현왕 왕궁을 포위하고 습격했다. 그때 흉노의 우현왕은 설마 한군이 자신의 군영까지 올 수 있으랴 싶어 잔뜩 술에 취해 장막에서 자고 있었다. 밤중에 우현왕 군영에 도착한 한군은 신속하게 적을 포위했다. 이른바 '사면초가四面楚歌' 상황에 처한 우현왕은 크게 놀라 애첩만 간신히 데리고 기마병 수백 명의 호위를 받으며 포위를 뚫고 북쪽으로 도망갔다.

한군이 즉시 경기교위輕騎校尉 곽성郭成 등을 파견해 160킬로미터를 추격했지만 우현왕을 잡지는 못하고 그의 편장 10여 명과 남녀 1만 5천여 명을 사로잡았다. 그 밖에 획득한 가축이 수백만 마리에 달했다.

위청은 병사를 이끌고 개선했다. 변경에 도착했을 때 한 무제는 사자에게 대장군인을 들려 보내 군영에서 위청을 대장군에 봉했다. 나머지 장군들은 위청의 지휘 하에 넣고 각각 봉호를 내렸다.

# 세상에
# 그에 비길 만한 것이 없다

天下無雙(천하무쌍)

평원군은 이런 상황을 알고 부인에게 말했다. "당초, 당신 동생 위魏 공자가 세상에 하나뿐인 현인이라고 들었소. 그런데 지금은 그가 도박꾼과 어울리고 술집 종업원들과 사귀며 본분을 모르고 멋대로 행동한다고 하더군."

─────────

전국 시대, 위魏나라의 신릉군信陵君 무기無忌는 병부를 훔쳐서 조趙나라에 지원군을 보내 진나라를 물리쳤다. 덕분에 그는 조나라 사람들의 칭송을 받았으나 혹시 위나라 왕이 병부를 훔친 죄를 물을 것이 두려워 조나라로 거주지를 옮겼다. 그리고 조나라의 모공毛公과 설공薛公이 예부터 재덕을 겸비한 인재라고 들은 그는 사람을 보내 그들을 모셔 오려 했다. 그런데 그들은 일부러 이를 피하며 신릉군을 만나러 오지 않았다.

신릉군은 모공이 도박꾼 사이에 몸을 숨기고 있다는 소식을 듣고 암암리에 현장에 나가 조사를 하다가 그와 알게 되었다. 그리고 나중에는 또 설공이 술을 파는 사람 사이에 숨어 있다는 정보를 입수하고 몰래 그들 사이에 들어가 마침내 설공과 알게 되었다. 조 혜문왕惠文王의 동생인 평원군이 이 말을 듣고 경멸하는 투로 부인에게 말했다. "이전에 당신 동생 신릉군이 세상에 하나뿐인 현인이라고 들었소. 그런데 오늘 보니 그저 말뿐이었군. 실제로는 아주 황당한 사람이었어."

신릉군이 이 말을 듣고 대꾸했다. "이전에 평원군이 어질고 총명하다고 들었소. 그래서 평원군의 요구를 들어 위 왕을 배반하고 조나라를 구해 주었지. 그런데 평원군이 다른 사람과 교제하는 것은 현명한 인재를 구하는 게 아니라 부귀와 영화를 과시하려 한 거라는 걸 이제야 알았네. 대량大梁에 있을 때, 나는 모공과 설공 두 사람이 현명하고 어진 사람이라고 듣고 조나라에 도착해서 그들을 보지 못할까 봐 걱정했네. 아무래도 그들이 나와 사귀는 것을 거절할 것 같아 걱정한 게지. 그런데 지금 평원군은 그들과 사귀는 것을 수치스럽게 여긴다니 평원군이야말로 정말 사귈 만한 사람이 못 되는군."

신릉군은 조나라를 떠나기로 결심했다. 이에 면목이 없어진 평원군은 위 공자를 찾아가 모자를 벗고 사죄하고 떠나려는 것을 만류했다. 그 뒤로 이 이야기를 들은 평원군 문하의 식객들이 절반은 평원군을 떠나 위 공자에게 왔고 천하의 선비들도 모두 위 공자에게 의탁하려 그를 찾아왔다.

한나라 시대, 강하江夏 출신 황향黃香이란 사람은 집이 가난했지만 책 읽는 것을 무척 좋아했다. 그는 유가 경전을 두루 읽었고 도덕과 학술을 깊이 연구했으며 문장 솜씨 또한 뛰어났다. 그러나 황향의 가장 훌륭한 점은 어려서부터 효심이 지극했다는 것이다. 아홉 살에 모친을 여읜 그는 어머니에 대한 사무치는 그리움을 모두 아버지에 대한 효심으로 승화시켰다. 추운 겨울밤에는 아버지의 이부자리에 먼저 들어가 자신의 체온으로 덥힌 후에 자기 자리로 돌아가 잤고 무더운 여름밤이면 부채를 들고 아버지 머리맡에 앉아 온 힘을 다해 부채질했다.

황향이 어른이 되자 조정은 그를 인재라고 여겨 그를 위군魏郡 태수太守에 임명했다. 한번은 위군에 물난리가 나 현지 백성 대부분이 집을 잃고 기아에 허덕였다. 그러자 황향은 자신의 녹봉과 재산을 아낌없이 수재민에게 나누어 주었고 당시 사람들은 그를 '천하무쌍天下無雙 강하의 황향'이라고 불렀다.

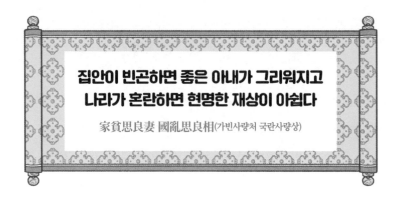

## 집안이 빈곤하면 좋은 아내가 그리워지고 나라가 혼란하면 현명한 재상이 아쉽다

家貧思良妻 國亂思良相(가빈사량처 국란사량상)

위魏 문후 이극李克에게 말했다. "전에 선생이 과인에게 이런 말을 했소. '집안이 빈곤하면 좋은 아내가 그리워지는 법이요, 나라가 혼란하면 현명한 재상이 아쉬운 법입니다' 위성자魏成子와 적황翟璜 두 사람을 어떻게 생각하오?"

---

전국 시대, 위 문후가 이극을 불러 물었다. "집안이 가난하면 어진 아내를 그리며 나라가 혼란하면 훌륭한 재상을 그리기 마련이라 했소. 훌륭한 재상을 두고 나라를 잘 다스리려 한다면 위성자와 적황 중에서 누가 더 낫겠소?"

이극은 책임을 회피하고 싶은 마음에 오직 그 자리에 있거나 있어 본 사람만이 그 자리의 일을 말할 수 있다고 대답했지만 문후가 재

3장. 덕에 있지 지형의 험준함에 있지 않다

차 추궁하자 어쩔 수 없이 이렇게 말했다. "그들의 과거 행적을 보면 알 수 있습니다. 그들이 평소 어떤 사람들과 친분이 있는지, 부유했을 때 다른 사람들에게 무엇을 주었는지, 높은 지위에 있을 때 어떤 사람들을 천거했는지, 역경에 처했을 때 무슨 일을 했는지, 가난할 때는 무얼 삼갔는지 등 이 다섯 가지 면을 관찰하면 도움이 되실 것입니다." 이 말을 듣고 문후가 기뻐하며 말했다. "그 말을 들으니 누구를 재상에 봉할 것인지 결정할 수 있겠소."

이극은 문후에게 인사를 한 뒤 적황의 집을 찾아갔다. 그러자 적황이 물었다. "국왕께서 선생과 재상 임명에 대해 상의하셨다고 하던데 누구를 염두에 두고 계시오?" 이극이 대답했다. "위성자입니다." 적황은 벌컥 화를 내며 얼굴색까지 변했다. "내가 위성자보다 무엇이 못하단 말이오? 서하西河 태수도 내가 천거한 사람이고 국왕께서 업성鄴城 일로 고민하실 때 내가 서문표西門豹를 천거해 통치하게 했소. 또 국왕께서 중산국中山國을 토벌하려 하셨을 때도 내가 악양자樂羊子를 천거해 승리를 거두었소. 그리고 중산을 공략한 후에 아무도 지키는 이가 없어 내가 당신을 추천하지 않았소! 뿐만 아니라 세자께 스승이 필요했을 때 굴후부屈侯鮒를 추천한 것도 나요. 대체 내 어떤 면이 위성자보다 못하다는 것이오?" 대답을 들은 이극이 반문했다. "당초 나를 국왕께 소개한 것은 사욕을 채우고 고관이 되려고 한 목적 아니오? 그런데 어찌 위성자와 비교할 수 있겠소! 위성자는 봉록이 만 섬에 이르는데 그 가운데 10분의 1만 자신을 위해 쓸 뿐 나머지 대부분은 모두 국가를 위해 현인을 초빙하는 데 쓰고 있소이다. 그는 동방에서 복자하卜子夏·전자방田子方·단간목段干木을 초빙해왔소. 이 세 사람은 모두 천하의 인재로 군자가 그들을 스승으로 모시며 치국의 도리를 배웠소. 그러나 당신이 추천한 다섯 명은 그저 신하로서만 가치가 있을 뿐입니다. 이러한데 어찌 당신 자신을 위성자와 비교하시오?"

적황은 이극의 말을 듣고서야 정신을 차리고 공손히 사과했다.

────── ❈ **지혜가 꼬리를 무는 역사 이야기** ❈ ──────

상商대 제23대 국왕 무정武丁은 즉위한 후 나날이 국가 상황이 악화되자 어떻게 해서든 과거의 영광을 되찾고 싶었다. 하지만 아무래도 그를 보좌할 적당한 인물을 찾을 수가 없었다. 그래서 그냥 자신은 한 마디도 하지 않고 모든 일을 대신들더러 처리하라고 했다. 이런 무정의 행동에 조급해진 대신들은 왕이 무슨 말이라도 하길 기다렸지만 아무런 소용이 없었다.

이렇게 삼 년이 흘렀다. 갑자기 무정이 굳게 다물고 있던 입을 열어 말했다. "어제 선왕께서 내 꿈에 모습을 드러내어 성인을 한 분 천거해주셨다. 이름은 설說이다. 앞으로는 그가 나를 도와 국사를 처리할 것이다. 나는 나를 도와 천하를 다스릴 사람이 필요하다."

무정은 즉각 전국 곳곳에 방을 붙이고 이 사람을 찾으라고 명령했다. 마침내 전암傳岩(지금의 산시山西 핑루현平陸縣 동남쪽 지역)이라는 지역에서 설이라는 사람을 찾아냈다. 그러나 이 사람은 노역을 하고 있는 죄인이었다. 관리는 그래도 어쩔 수 없이 그를 무정에게 데려갔다. 무정은 그의 얼굴을 보자마자 말했다. "바로 이 사람이다!" 그는 매우 기뻐하며 그를 즉각 재상에 임명했다.

　사실상 이 모든 과정은 무정이 꾸민 것이었다. '나라가 혼란스러울 때는 훌륭한 재상을 그리워한다國亂思良相.'라는 말이 있다. 무정은 삼 년이라는 긴 시간 동안 줄곧 자신을 도와 보좌할 인재를 계속 찾았고 결국 전설傳說이란 인물을 발견한 것이었다. 그러나 당시 귀족이 아닌 계층에서 인재를 선발하는 것은 극히 어려운 일이었다. 하물며 죄인은 더 말할 것도 없었다. 그래서 그는 이런 방법을 써서 대신들을 설득한 것이다. 전설이 정치에 참여하자 과연 천하는 태평해졌고 무정은 '중흥명주中興明主'라 불렸다.

# 한 번 승낙한 일은
# 천금과 같다

一諾千金(일낙천금)

막 도착한 조구曹丘가 계포季布에게 읍하고 말했다. "초나라에는 황금 백 냥보다 계포의 승낙 한 마디가 더 값지다는 속담이 있다지요? 당신은 어떻게 양, 초 일대에서 이런 명성을 얻을 수 있었습니까? 게다가 나는 초나라 사람이고 당신 또한 초나라 사람입니다. 내가 당신을 널리 알리고 다녀 당신의 이름을 천하에 떨친다면 분명히 당신에게 큰 도움이 될 것입니다. 그런데 어째서 이토록 강경하게 저를 거절하십니까?"

---

진秦나라 말기에 초楚나라 사람 계포는 강직하고 약속은 반드시 지키는 사람으로 유명했다. 한때 항우의 부장이었던 계포는 유방을 수차례나 이긴 전적이 있다. 그래서 유방은 천하를 얻은 후 계포를 수배했다. 그러자 계포의 의로운 행동을 존경한 주周 씨는 계포를 노魯나

라의 주朱 가로 보냈다. 그러면서 일부러 낙양洛陽까지 가서 여음후汝陰侯 하후영夏侯叛을 만나 계포를 구해달라고 부탁했다. 하후영은 유방과 함께 출병하여 각지에서 전투를 벌이며 한 왕조에 큰 공을 세운 인물이다. 하후영이 유방에게 사정을 하자 유방은 계포를 사면해 주었고 뿐만 아니라 그를 낭중에 임명하기까지 했다. 그리고 그는 얼마 후에 하동河東 태수에 임명되었다.

당시 초나라에 조구생曹丘生이라는 사람이 있었다. 그는 언변이 뛰어나고 권력가와 관계 맺는 것을 좋아했다. 계포와 조구생은 동향이었지만 계포는 그를 경멸해 몇몇 친구들 앞에서 그런 자신의 의사를 밝히기도 했다. 하지만 조구생은 어떻게든 계포와 가까워지고 싶어 했고 마침내는 황제의 친척인 두장군竇長君에게 편지를 써서 계포를 소개해 달라고 부탁하기까지 했다. 두장군은 계포가 그를 싫어한다는 것을 알고 있던 터라 조구생을 말렸지만 조구생은 한사코 소개를 해달라며 고집을 꺾지 않았다. 두장군은 하는 수 없이 추천서를 한 통 써서 계포에게 보냈다. 편지를 읽고 언짢아진 계포는 조구생이 정말로 자신을 찾아오면 대면해서 그를 한번 혼내줘야겠다고 생각했다.

며칠이 지나자 역시 조구생이 그를 찾아왔다. 계포는 조구생을 보자마자 적의를 드러냈다. 그럼에도 조구생은 전혀 아무렇지 않은 듯 예의 바르게 인사한 후 태연자약하게 말했다. "초나라에는 '황금 백 냥보다 계포의 승낙 한 마디가 더 값지다'는 속담이 있다지요? 당신은 어떻게 양, 초 일대에서 이런 명성을 얻을 수 있었습니까? 게다가 나는 초나라 사람이고, 당신 또한 초나라 사람입니다. 내가 당신을 널리 알리고 다녀 당신의 이름을 천하에 떨친다면 분명히 당신에게 큰 도움이 될 것입니다. 그런데 어째서 이토록 강경하게 저를 거절하십니까?"

생각해보니 조구생의 말이 나름대로 일리가 있는 것 같아 계포는 잠시 적의를 거두고 친절히 대해 주었다. 또 조구생이 그의 집에 몇 개월 머물도록 하고 떠날 때는 후한 선물까지 주었다.

────── ❈ **지혜가 꼬리를 무는 역사 이야기** ❈ ──────

삼국 시대 때 얼굴에 멋진 수염을 기른 태사자太史慈는 어려서부터 공부를 즐겼고 하급 관리 직에 있었다. 후에 태사자는 양주揚州 자사刺史 유요劉繇에게 몸을 의탁했으나 중용받지는 못했다.

한번은 소패왕小霸王 손책孫策이 병사를 이끌고 유요를 쳤다. 호적수를 만난 태사자와 손책은 승부를 가르기가 힘들었다. 결국 태사자가 손책의 계략에 걸려들어 잡히고 말았지만 손책은 여전히 태사자를 존경했다. 태사자는 그러한 손책의 성의에 감동하여 그를 따르기로 결심했다.

한편 손책에게 패한 유요는 홀로 유표劉表가 있는 곳으로 도망쳤다. 그의 곁에는 구심점을 상실한 병마 수만이 남아 있을 뿐이었다. 막 귀순한 태사자가 손책에게 건의했다. "유요가 패전해 수하들의 마음이 떠났으니 어서 그들의 마음을 당신에게 돌려야 합니다."

　손책은 태사자에게 당장 유요의 병사를 소집해 다음날 정오에
병영으로 돌아오라고 했다. 당시 손책 수하의 장수들은 모두 이렇게
말했다. "태사자가 이번에 가면 절대 돌아오지 못할 거야." 그러나 손
책은 그들에게 단언했다. "태사자의 말은 '일낙천금一諾千金'이므로 반
드시 돌아올 것이니라."

　다음날 정오 태사자는 정말로 병마 수천 명을 이끌고 돌아왔다.
손책은 매우 기뻐하며 태사자를 한층 더 신임했다. 손책이 죽은 후에
즉위한 손권도 태사자의 용맹함과 선전을 높이 평가해 그에게 동오
남쪽의 사무를 관리하도록 했다.

# 오만하고
# 자아도취에 빠져 있다

沾沾自喜(점점자희)

한汉 경제景帝가 말했다. "태후께서는 제가 인색하여 위기후魏其侯를 재상으로 등용하지 않는다고 생각하십니까? 위기후는 오만하기 짝이 없고 늘 자아도취에 빠져 있습니다. 일 처리가 경솔하여 재상감이 못 되옵니다." 결국 한 경제는 위기후를 등용하지 않고 건릉후建陵候 위관衛綰을 재상에 임명했다.

---

두태후竇太后의 조카인 위기후 두영竇嬰은 한 무제 때 오나라 재상으로 있다가 병으로 해임되었다. 그리고 경제가 즉위하자 그는 황후와 태자의 집을 관리하는 첨사詹事직을 맡게 되었다.

한 경제의 동생 양효왕梁孝王 유무劉武는 두태후에게 총애를 받았다. 한번은 양효왕이 조정에 나왔다가 경제를 만나 형제끼리 술을 마셨다. 당시 아직 태자를 책봉하기 전이었던 경제는 취기가 오르자 서슴지 않고 이런 말을 내뱉었다. "천추의 세월이 흐른 후에 황위는 양효왕에게 갈 것이다." 두태후는 이 말을 듣고 몹시 기뻐했다. 그때 두영이 술을 들고 말했다. "고조高祖께서 천하를 평정하신 이후 장자에게 황위를 물려주는 것이 한나라의 전통인데 폐하께서는 어찌 황위를 양효왕에게 물려주려 하신단 말입니까?" 이 일로 두영을 못마땅하게 여긴 두태후는 문적에서 그의 이름을 제외하고 다시는 조정에 들지 못하게 했다.

오초 7국吳楚七國의 난이 발발하자 한 경제는 두영을 대장군에 임명해 군사를 이끌고 형양滎陽의 수비를 책임지고 동시에 제齊나라와 조趙나라 반군의 동향을 감시하게 했다. 반란이 평정된 후 두영은 그 전공을 인정받아 위기후에 봉해졌다. 당시 조정에서는 주아부周亞夫를 제외하고 위기후 두영이 최고의 지위였다.

후에 재상 자리가 비자 두태후는 몇 번이나 위기후를 거론했다. 그러자 경제가 말했다. "태후께서는 제가 인색하여 위기후를 재상으로 등용하지 않는다고 생각하십니까? 위기후는 오만하기 짝이 없고 늘 자아도취에 빠져 있습니다. 일 처리가 경솔하여 재상감이 못 되옵니다." 한 경제는 결국 위기후를 재상에 등용하지 않았다.

춘추 시대 자발子發은 초楚나라 대장이었다. 한번은 병사를 이끌고 전투를 하는데 군량이 떨어져 초 왕에게 병사 한 명을 사자로 보내 군량미 보급을 요청했다. 그리고 가는 김에 자신의 집에도 잠시 들러 어머님의 안부를 확인해 달라고 부탁했다. 자발의 모친이 사자에게 물었다. "병사들은 괜찮나?" 사자가 말했다. "아직은 견딜 만합니다. 군량이 거의 떨어지기는 했지만 아직 콩은 조금 남아 있습니다." 자발의 모친이 또 물었다. "장군은 어떠신가?" 사자가 대답했다. "장군께는 고기와 쌀이 있습니다. 전략을 세우셔야 하는데 식량이 없으면 어찌 되겠습니까?"

얼마 후 자발은 승리를 거두고 돌아와 초 왕에게 상을 받았다. 그는 모친을 뵐 생각에 기쁜 마음으로 집으로 달려갔지만 모친은 문도 열어주지 않고 안쪽에서 그를 큰 소리로 꾸짖었다. "너는 내 아들이 아니니 이 집에 한 발짝도 들여놓지 말거라." 자발이 영문을 몰라 하며 물었다. "어머님, 개선장군이 되어 돌아왔는데 제가 무슨 잘못을 했습니까?"

모친은 엄하게 말했다. "병사들이 잡곡을 나눠 먹을 때 너는 장군의 몸으로 어찌 혼자서 끼니마다 고기와 쌀밥을 먹을 수 있느냐? 병사들은 목숨을 걸고 전장에서 싸우는데 너는 안락한 생활을 하다니. 이러다가는 틀림없이 병사들의 신임을 잃게 될 테고 실패도 머지않았을 것이다. 그런데도 전투에서 이겼다고 '접접자희沾沾自喜'할 수 있느냐? 나는 장차 가문에 먹칠을 할 너 같은 아들은 둔 적이 없다."

모친의 말을 듣고 자발은 부끄러운 마음에 무릎을 꿇고 용서를 구했다. 그제야 모친은 그를 들어오게 했다. 후에 태도가 바뀐 자발은 병사들의 신임을 얻는 훌륭한 장수가 되었다. 여기에는 그의 모친의 가르침이 큰 몫을 했다.

## 덕에 있지
## 지형의 험준함에 있지 않다

在德不在險(재덕부재험)

오기吳起가 대답했다. "……이를 통해 보면 나라의 안정은 백성에게 은덕을 베푸는지 여부에 달렸지 결코 지형에 좌우되는 것이 아닙니다. 은덕을 베풀지 않으시면 같은 배를 탄 사람이라 할지라도 원수가 될 수 있습니다."

---

위 문후 시절 오기는 장군에 임명되었다. 오기는 용병술에 능하고 청렴하며 공평무사하여 병사들 사이에서 인망이 높았다. 그래서 위 문후는 그를 서하 지역의 장관에 임명했다. 그는 진秦나라와 한국韓國에 대항해 큰 공을 세웠다. 오기는 문후가 죽은 후에도 그의 아들 무후武侯를 계속해서 섬겼다.

어느 날 위 무후와 대부들이 배를 타고 서하를 건넜다. 무후는 강과 산을 바라보며 득의양양해서 오기에게 말했다. "지세가 이토록 험준하니 위나라의 안전을 지켜줄 수 있는 천연 요새의 조건을 충족시켜 주는군." 그러자 오기가 대답했다. "그렇지 않습니다. 국가의 안전을 위해서 중요한 것은 지세의 험준함이 아니라 현명한 군주에게 있습니다. 이전에 삼묘三苗도 좌로는 동정호洞庭湖를 끼고 우로는 번양호番陽湖와 맞닿아 있어 험준한 지세라 할 수 있는 곳이었습니다. 그러나 하우夏禹가 덕이 부족해 결국은 멸망하고 말았지요. 하夏나라도 걸왕桀王 통치 시절에 영토가 남쪽으로는 이수伊水와 낙수洛水가 있고 북으로는 호관壺關과 양장羊腸이 있어 지세는 하우 시대와 비슷하거나 오히려 더 험준했습니다. 이때도 통치자의 덕이 부족해 상商나라의 탕왕湯王에게 멸망당했습니다. 상나라 주왕紂王 때는 국토가 좌측에 태행산太行山, 아래에 맹문孟門이 있었고 우측에는 장하漳河와 부하滏河가 있었습니다. 또한 상산常山이 북쪽에 있고 황하黃河가 남쪽에 있어 천연요새를 이루었으나 통치자가 어질지 못해 주 무왕이 기병하자 바로 멸망당했습니다. 폐하께서도 덕치를 하지 않으신다면 국토의 지세가 아무리 험준하다 해도 전혀 소용이 없습니다. 지금 한 배를 탔다고 해도 결국은 모두 적이 될 수도 있는 것이죠."

무후가 말했다. "참으로 옳은 말이구나. 경은 문무에 모두 능하다고 하더니 정말 나라의 보배로다. 아무렴 한 국가에서 통치자가 덕을 수양하지 않고 지세에만 의지해서는 안되지在德不在險. 그리고 그보다는 인재에 의지하며 재물에 의지해서는 안되지."

무후가 그때는 이렇게 말했으나 얼마 지나지 않아 간신의 비방을 듣고 오기에게 경계심이 생겼다. 곧 오기는 무후의 신임을 잃었고 그의 의견은 하나도 수용되지 않았다. 하는 수 없이 오기는 위나라를 떠나 초나라로 향했다.

───── ❈ **지혜가 꼬리를 무는 역사 이야기** ❈ ─────

수隋 양제煬帝 양광楊光이 즉위한 후 주색에 빠져 방탕하게 생활하는 동안 민생은 도탄에 빠졌다. 사회 모순은 점점 심화되었고 정치 위기가 도처에 도사리고 있었다. 그런데도 수 양제는 여전히 주색을 즐기는 데만 정신이 팔려 있었다. 하지만 사실 그의 마음은 공포로 가득했다.

그러던 어느 날 대업전大業殿에 불이 났다. 이는 단순한 실화失火로 인한 불이었지만 수 양제는 틀림없이 반란이 일어난 것이라 굳게 믿고 황급히 서원西苑으로 도망쳐 숲으로 숨어 들어갔다. 그러고는 불이 모두 진압된 후에야 비로소 궁으로 돌아왔다. 그 뒤로 그는 평소에도 잘 자다 말고 뭔가에 놀라 잠을 깨기 일쑤였고 취침 시간이 되면 부인 몇 명이 옆에서 다독거리며 시중을 들어야 겨우 잠에 들었다.

618년, 수 왕조가 몰락의 길을 걸으면서 어느새 낙양洛陽과 강도江都를 제외하고는 모두 반란군의 손으로 넘어갔다. 당시 강도에서 지냈던 수 양제는 극도의 공포를 느껴 매일 술로 근심을 잊어보려 애썼다. 하루는 거울을 보면서 비통하게 말했다. "멋진 머리로구나. 누가

3장. 덕에 있지 지형의 험준함에 있지 않다

이 머리를 벨꼬?" 그는 독주를 한 독 가득 준비해서 총애하는 왕비에게 주며 말했다. "적이 쳐들어오면 네가 먼저 이 술을 마시고 그 다음에 나에게 줘라."

그로부터 불과 사 년 후, 수 양제는 피살되었다. 그러나 그를 죽인 사람은 강장彊場 반란군 장수도 민병도 아닌 바로 그가 아꼈던 하인과 호위병이었다. 그제야 이 어리석은 황제는 '재덕부재험在德不在險'의 이치를 깨달았다. 하지만 안타깝게도 후회하기에는 너무 늦은 시기였다. 그저 허리띠를 풀어 금위군 대장에게 주면서 자신의 목을 졸라 달라고 하는 것이 그가 할 수 있는 유일한 선택이었다. 당시 수 양제의 나이는 50세였다.

수 양제뿐만 아니라 그의 두 아들과 손자 한 명도 함께 처형되었다. 수 양제가 죽은 후 소황후蕭皇后와 궁녀들은 침대로 작은 관을 세 개 만들어 시체를 넣고 대충 매장해 버렸다.

# 땔나무를 안고
# 불을 끄러 간다

### 抱薪救火(포신구화)

소대蘇代가 위魏 왕에게 말했다. "단간자段干子는 더 높은 지위를 탐내고 진秦나라는 땅에 욕심을 내고 있습니다. 지금 대왕께서 영토를 욕심내는 자에게 관인을 주고 높은 관직을 탐하는 자에게 영토를 준다면 위나라의 영토를 모두 나눠 줘야 이 사태가 종결될 것입니다. 게다가 진나라에게 영토를 주려는 것은 마른 장작을 들고서 불을 끄려는 것이나 마찬가지입니다. 장작이 남아 있는 한 불은 절대로 꺼지지 않을 것입니다."

---

전국 시대 말기로 접어들면서 점점 강대해진 진은 먼 나라와 우호 관계를 맺고 이웃 나라를 공략하는 전략을 펼치면서 세력을 부단히 확장해갔다. 더욱이 위나라에 안리왕安厘王이 즉위하자 진나라는 공격을 강화했다.

3장. 덕에 있지 지형의 험준함에 있지 않다

기원전 276년에서 기원전 274년까지 진나라가 위나라를 세 번이나 공격했고 위나라는 계속 패전해 성 다섯 개를 잃었다. 진나라 군대는 마침내 위나라 도성까지 위협해 왔다. 다행히 한국韓國이 파병해 위나라를 도와주었으나 역시 진군에게 패배하고 말았다. 이제 달리 방도가 없던 위나라는 진나라에 영토를 할양했다. 그러나 그때부터 삼 년째 되던 해에 진나라는 또다시 위나라의 성 두 개를 강점하고 위나라 백성 수만 명을 죽였다.

그런 것이 사 년째가 되자 진나라의 횡포를 견디다 못한 위·한·조 세 나라가 합동 공격을 했다. 그러나 결국 대패하고 병사 15만 명을 잃었을 따름이었다. 게다가 위나라 대장군 망묘芒卯가 실종되고 전쟁에서 잇따라 패배하면서 안리왕安釐王은 극심한 불안에 휩싸였다. 이때 위나라 장군 단간자가 안리왕에게 건의했다. "남양南陽을 진나라에 할양하고 군대를 철수하면서 진나라와 담판을 지으십시오."

진나라의 공격을 두려워하던 안리왕은 영토만 할양하면 평화를 찾을 수 있으리라 계산하고 단간자의 말대로 해야겠다고 생각했다. 그때 소대라는 책사가 위나라에서 진나라에 영토를 할양해 화의를 청하려 한다는 소식을 듣고 황급히 안리왕에게 달려와 포신구화抱薪救火의 고사를 이야기했다. 그러나 안리왕은 소대의 말을 듣지 않고 남양을 진나라에 할양했다.

그 이후로 34년 동안 진나라는 끊임없이 위나라 영토를 침략했다. 이로 말미암아 국력이 나날이 쇠약해진 위나라는 결국 기원전

225년에 진나라에 의해 멸망했다.

명明 태조 홍무洪武 31년(1398년), 주원장이 죽은 후 22세의 주윤문朱允塗이 황제에 등극해 건문제建文帝가 되었다. 그는 등극하자마자 즉각 삭번削藩(변방 제후를 약화시켜 중앙을 강화함)을 단행했다. 당시 번왕藩王(변방의 제후)에게 병권은 없었으나 봉지에 각 1만 5천 명의 호위병을 거느리고 있었다.

그러나 이런 식의 집권 강화 행위야말로 '포신구화抱薪救火'가 아니고 무엇이겠는가? 친왕 몇 명이 평민으로 강등당하는 것을 목격한 연燕 왕王 주체朱棣는 가만히 앉아 죽을 날을 기다리느니 차라리 도박을 해보는 편이 낫겠다고 생각하고 호위군 1만 5천을 거느리고 북평北平의 외떨어진 성 하나를 근거지로 삼아 조정의 수십만 대군에 대항했다. 물론 두 세력은 인력과 물력, 재력 모든 방면에서 확연하게 차이가 났다.

그러나 주체는 탁월한 군사 지휘 능력을 바탕으로 연군燕軍을 인솔하며 용감하게 출격했다. 친히 적진 깊숙이 뛰어들어 몇 만의 군대로 수십만 대군을 물리치기도 수차례였다. 그렇게 사 년간 맹렬히 전투를 벌인 끝에 그는 북경에서 천부天府까지 공략해 마침내 황제의 자리에 올랐다. 그가 바로 명 세조世祖이다.

## 술을 좋아하고
## 제멋대로 행동하다

高陽酒徒(고양주도)

사자가 이를 보고 너무 놀란 나머지 당황해 허둥지둥하다가 명패를 땅에 떨어뜨렸다. 즉각 무릎을 꿇고 줍더니 신속히 몸을 돌려 뛰어 들어가 다시 유방에게 보고했다. "밖에 계신 손님은 정말 천하의 장사셨습니다. 큰 소리로 저를 꾸짖는 데 깜짝 놀라 그만 명패를 바닥에 떨어뜨렸습니다. 그랬더니 저에게 '어서 돌아가 자네 주인에게 전하게. 나는 유생이 아니라 고양高陽의 술꾼이야!'라고 하더군요."

진秦나라 말이자 한漢나라 초, 진류陳留 고양(지금의 허난河南 치현杞縣)에 역이기食其라는 사람이 살았다. 역이기는 가정 형편이 어려웠지만 술을 무척 좋아해 사람들은 그를 고양의 술꾼이라 불렀다. 그는 책 읽기를 좋아하고 성격도 활달했으나 집에 은거하며 밖으로 잘 나오지 않았다. 유방이 진류를 공격할 때 역이기는 유방이 포부가 원대하고 도량이 넓으며 교제하는 것을 좋아한다는 소문을 듣고 그를 찾아가기로 마음먹었다. 그런데 뜻밖에도 유방은 유생을 혐오해서 유생들이 관모를 쓰고 그를 만나러 가면 그들에게 모자를 벗으라 해서 그 안에 소변을 본다는 것이다!

역이기는 유방을 만나 일부러 그를 자극하는 말을 했다. "당신은 폭정을 펼치는 진나라를 위해 제후들을 칠 것입니까 아니면 제후들을 이끌고 폭정을 펼치는 진나라를 공격할 것입니까?" 유방은 이 말을 듣고 바로 그를 꾸짖었다. "이 선비 놈이 못 하는 말이 없구나. 전국의 백성이 진나라의 폭정에 고통 받고 있어 일찍부터 그들을 공격하려 했거늘 내가 진나라를 도와 제후들을 칠 것이라니! 이게 가당키나 한 말인가?" 그러자 역이기가 대답했다. "진나라를 치고 강산을 빼앗고 싶다면 이런 식으로 연장자와 유생들을 무시해서는 안 되옵니다."

유방은 그의 말을 듣자마자 황급히 몸을 일으켜 겸허한 마음으로 가르침을 청했다. 진류 현령의 항복을 받아낼 대책을 내놓은 역이기 덕분에 유방은 피 한 방울 흘리지 않고 진류를 손에 넣었고 그를 광야군廣野君에 봉했다. 역이기는 그 후에도 수차례 훌륭한 계략을 내놓아 유방이 천하를 통일하는 데 크게 공헌했다. 일례로 유방의 명을 받들어 제齊나라와 평화 담판을 성사시킨 일이 있다. 그러나 역이기는 안타깝게도 한신과 관계를 제대로 매듭짓지 못했다. 그래서 나중에 한신의 군대가 제나라를 쳤고 그는 결국 제나라 왕에게 팽형烹刑(사람을 삶아 죽이는 형벌)을 당하고 말았다.

--- ❈ **지혜가 꼬리를 무는 역사 이야기** ❈ ---

역사적으로 주신酒神, 주성酒聖이라고 불리는 인물들은 수없이 많았다. 성격이 호쾌하고 의협심 강한 이들은 '고양주도高陽酒徒'라는 말에 자부심을 느꼈다. 당나라 시인 고적高適은 이런 시를 쓰기도 했다. "문을 나서니 눈에 보이는 것은 온통 가득한 봄기운, 나를 알아주는 친구 하나 없음을 한탄하네. 비록 고양의 술꾼일지라도."

역사상 '고양주도高陽酒徒'에 견줄만한 인물로는 위진魏晉 시대 '죽림칠현竹林七賢' 가운데 한 명인 유영劉伶이 있다. 유영은 몸을 가누지 못할 정도로 폭음을 하고 허황된 소리를 늘어놓았으며 예법은 완전히 무시했다. 사슴이 끄는 수레에 늘 술 항아리를 싣고 다니면서 하인들더러 괭이를 들고 뒤를 바짝 좇아오라고 하며 이렇게 말했다. "내가 죽거든 나를 묻어라." 그는 또 술을 너무 많이 마셔서 혹시 두강杜康(주나라 시대에 양조 기술이 아주 뛰어났던 사람)이라도 만나게 되면 그 자리에 땅을 파고 자신을 묻어달라고 말하기도 했다.

유의경劉義慶은 『세설신어世說新語』에서 유영을 이렇게 말했다. 어느 날 유영의 아내가 그에게 술을 끊으라고 하자 유영이 다짐했다. "나는 술로 유명세를 얻었소. 일단 한 번 마시면 열 말씩 술을 마시고

닷 말로 해장을 하오. 부인의 말은 삼가 따르기 힘드오."라고 말하고
는 고기 안주에 술을 마셔 몸을 가누지 못할 정도였다.

# 밥 한 그릇이
# 천금의 가치가 있다

一飯千金(일반천금)

하비下邳에 도착한 한신이 전에 자신에게 밥을 주었던 그 빨래터의 아낙네를 찾아 그녀에게 황금 천 냥을 주었다.

***

어려서 부모님을 여읜 한신은 늘 형편이 궁핍했다. 한번은 그와 잘 아는 사이인 하향현下鄕縣(남창南昌의 정장亭長, 정의 우두머리) 집에서 몇 개월 동안 신세를 졌다. 그런데 그를 귀찮게 여긴 정장 부인이 일부러 아침 일찍 일어나 밥을 해서는 이불 속에서 둘이서만 몰래 밥을 먹었다. 그래서 한신이 일어났을 때는 솥에 아무것도 남아 있지 않았다. 한신은 그 집을 떠날 수밖에 없었다.

그는 회음성淮陰城 아래에 있는 어느 강가에서 자주 낚시를 했다. 운이 좋아 물고기를 몇 마리 낚는 날은 손에 조금이라도 돈을 쥘 수 있었고 그 돈으로 배를 채웠다. 형편은 이렇듯 늘 곤궁했다. 그때 다행히 가끔 낚시터에 와 빨래하는 아낙네가 그를 가엾게 여겨 종종 그에게 밥을 주었다. 사실 그 아낙네도 사정이 여유롭지는 않을 것이었다. 그래서 더욱 고맙게 생각했다. 한신이 반드시 보답하겠다고 말하자 아낙네는 절대 보답 같은 것을 바라고 도와준 것이 아니라며 몹시 불쾌해했다.

한신은 나중에 한漢 고조 휘하에서 대장군에 임명되었고 병사를 이끌고 항우를 물리치는 데 크게 공헌하여 초楚 왕王으로 봉해졌다. 그는 이전에 빨래터 아낙네에게 도움을 받던 시절을 생각해내고 그녀에게 술과 안주를 보내면서 보답의 의미로 황금 천 냥을 주었다. 한편 남창의 정장은 한신을 보고 부끄러워 차마 고개를 들지 못했다. 한신이 말했다. "나에게 도움을 주기는 했으나 끝까지 돕지는 못했지." 그러면서 백 냥을 주어 돌려보냈다.

──────── ❧ **지혜가 꼬리를 무는 역사 이야기** ❧ ────────

춘추 시대, 당시 진晉나라의 정권을 손에 쥐었던 조돈趙盾이 강을 거슬러 올라가 강絳 지역으로 가는 중이었다. 가는 길에 조돈은 다 말라가는 뽕나무 아래에 누워 곧 굶어 죽을 것 같은 사람을 한 명 보았다. 조돈은 발길을 멈추고 그에게 먹을 것을 주었다. 그러자 그 사람이 천천히 눈을 떴다.

3장. 덕에 있지 지형의 험준함에 있지 않다

조돈이 물었다. "당신은 어찌 이토록 굶주린 채 이런 곳에 누워 있는 겁니까?" 그 사람이 대답했다. "저는 원래 강 지역 관원이었습니다. 그런데 돌아가는 중에 여비와 양식이 모두 바닥나 버렸습니다. 구걸을 하자니 차마 입이 떨어지지 않고 그렇다고 도적질을 할 수는 없고 해서 결국은 이 꼴이 되었지요." 조돈은 이번엔 그 사람에게 육포를 하나 주었다. 그 사람은 무척이나 감사해하며 계속 절을 했다. 그런데 육포를 먹지는 않고 손에 들고서 이렇게 말했다. "집에 노모가 계신데 이것을 어머님께 드려야겠습니다." 조돈은 그 사람에게 다시 육포 두 개와 돈을 약간 주고 그 곳을 떠났다.

후에 진晉 영공靈公이 주색에 빠져 폭정을 일삼자 조돈은 수차례 나서서 왕을 설득했다. 진 영공은 이런 조돈이 눈엣가시 같아 마침내는 그를 없애기로 마음먹었다. 영공은 궁궐 안에 무사를 매복시키고서 술을 마시자고 조돈을 불렀다. 조돈을 불러들인 후 그가 술에 취한 틈을 타서 죽일 생각이었다. 그러나 조돈은 진 영공의 의도를 알아차리고 술이 반쯤 취했을 때 슬그머니 밖으로 빠져나왔다. 진 영공은 급히 방에 숨어 있던 무사에게 그를 추격해 죽이라고 했다. 그중에서 가장 발이 빠른 자객이 이내 조돈을 막아섰다. 그러나 그 자객은 조돈을 보자 뜻밖에도 이렇게 말했다. "아니, 선생님이셨군요. 제가 다른 사람들을 막을 테니 어서 마차를 타고 이곳을 떠나십시오." 조돈이 물었다. "자네, 이름이 무엇인가?" 그 사람은 되돌아 뛰어가며 말했다. "이름을 알아서 무엇 하시렵니까? 제가 바로 그 뽕나무 아래에서 굶어 죽을 뻔했던 사람입니다."

그 사람은 추격해 오는 병사들에 맞서 혼자 필사적으로 싸우다
가 결국은 그들의 손에 죽었지만 조돈은 무사히 도망칠 수 있었다. 그
사람이야말로 목숨을 걸고 은혜에 보답한 '일반천금一飯千金'의 전형
적 사례이다.

군자는 서로 좋은 말을 주고받고
소인은 서로 재물을 주고받는다

君子相送以言 小人相送以財(군자상송이언 소인상송이재)

고서에 보면 듣기 좋은 말은 내다 팔아도 좋고 고귀한 품행은 남에게
베풀어도 좋으며, 군자는 서로 좋은 말을 주고받으며 소인은 서로 재
물을 주고받는다고 했다.

---

한漢 무제武帝 때 북해군北海郡 태수太守가 황제의 행궁으로 불려
왔다. 이때 문서 관리를 담당하던 왕 선생이 자진해서 태수와 동행하
겠다고 했다. 태수가 입궁해 막 황제를 알현하기 전에 왕 선생이 말했
다. "폐하께서 북해군을 어떻게 통치하여 도둑을 없애겠느냐 물으시
면 어찌 대답하시겠습니까?" 태수가 대답했다. "현명한 인재를 뽑아
그들의 능력에 따라 소임을 나눠 등용할 것이며 능력이 뛰어난 자는
상을 내리고 노력하지 않는 자는 벌할 것이라 말할 생각입니다." 이

말을 듣고 왕 선생이 말했다. "그렇게 대답하면 자화자찬하는 것이라 안 됩니다. '그것은 신의 힘이 아니라 모두 폐하의 영명하심과 위엄에서 비롯된 것입니다'라고 답하셔야 합니다."

태수는 궁 안으로 불려 들어가 왕 선생이 예상했던 그 질문을 받았다. 그러자 태수가 대답했다. "그것은 신의 힘이 아니라 모두 폐하의 영명하심과 위엄에서 비롯된 것입니다." 무제가 크게 웃으며 말했다. "아! 어디에서 유덕자有德者(학식과 덕행이 높은 사람)의 말을 배워 칭송하는가? 어디에서 들은 것인가?" 태수가 사실대로 아뢰자 한 무제는 왕 선생을 불러 그를 수형승水衡丞에 임명하고 북해 태수를 수형도위水衡都尉에 봉했다.

고서에 보면 듣기 좋은 말은 내다 팔아도 좋고 고귀한 품행은 남에게 베풀어도 좋으며, 군자는 서로 좋은 말을 주고받으며 소인은 서로 재물을 주고받는다고 했다.

## ─── ❈ 지혜가 꼬리를 무는 역사 이야기 ❈ ───

기원전 538년, 노魯 장공莊公은 공자孔子(공구孔丘)가 주周나라에 가서 주 왕실의 예를 배워오도록 허락했다. 또 그에게 말 두 마리가 끄는 마차와 마부, 시중들 아이 한 명을 보내주었고 제자인 남궁경숙南宮敬叔에게 동행토록 했다. 노자老子(노담老聃)는 공자가 먼 길을 마다않고 왔다는 소식을 듣고 매우 기뻐하며 예법을 가르친 후 신에게 제사 지내는 곳과 예절과 의식을 둘러보도록 해 주었다. 덕분에 공자는 많은 것을 배울 수 있었다.

노자는 공자가 떠나기 전에 친히 그의 숙소까지 찾아가 배웅하면서 이렇게 말했다. "부자들은 헤어질 때 재물을 선물하고 학식 있는 사람은 헤어질 때 말을 선물한다고 했소君子相送以言 小人相送以財. 내가 학식이 있다고 할 수는 없지만 그래도 몇 마디 선물하려고 합니다." 그러고는 잠시 쉬었다가 다시 말했다. "공구여 당신이 찾고 싶어 하는 원래 모습의 주나라 예는 이미 생명력을 상실했습니다. 운이 좋으면 마차를 타고 다니는 관리가 될 수도 있지만 때를 만나지 못하면 풀처럼 바람 부는 대로 날리는 떠돌이 신세가 될 수도 있지요. 장사에 능한 사람은 물건을 감춰 두고도 아무것도 없는 것처럼 행동할 수 있어야 하고 고귀한 도덕성을 소유한 사람은 그 겉모습이 바보처럼 보일 정도로 겸손해야 합니다. 당신은 교만함과 지나친 욕망을 버리십시오. 이런 것들은 아무짝에도 쓸모가 없소이다."

노자의 말에 공자는 큰 자극을 받았다. 후에 그는 자신의 제자에게 이렇게 말했다. "새는 잘 날고 물고기는 헤엄을 잘 치고 짐승들은 잘 달리지. 새를 잡으려면 활을 써야 하고 물고기는 그물로 잡아야 하며 짐승은 함정을 파서 잡아야 하네. 하늘의 용은 그 모습은 물론이요, 어떻게 바람을 타고 하늘로 오르는지 몰랐네. 그렇지만 오늘 노자를 뵙고 보니 용을 본 것 같네."

어려서부터 병법을 배운 조괄趙括은 병법이라면 천하에 자신을 능가할 사람이 없다고 생각하며 매우 자만해 있었다. 한번은 아버지 조사趙奢가 그와 병사兵事를 논하다가 아들 앞에서 말문이 막힌 적도 있었다. 그러나 그는 아들을 칭찬하지는 않았다. 부인이 그 이유를 묻자 조사가 대답했다. "그 녀석은 수많은 목숨이 걸린 전쟁을 너무 쉽게 생각하더군. 녀석을 대장으로 쓰지 않는다면 상관없겠지만 혹시라도 녀석이 대장이 된다면 분명 조趙군을 파멸로 이끌고 말 거요."

---

조괄은 조나라의 명장 조사의 아들이다. 조사는 생전에 아들과 함께 자주 병법에 대해 논했는데 한번은 아들의 반박에 그만 말문이 막혔다. 그러자 사람들은 "장군의 아들이라 역시 다르군."이라며 조괄

3장. 덕에 있지 지형의 험준함에 있지 않다

을 칭찬했다. 그러나 조사는 생각이 달랐다. "그 녀석은 수많은 목숨이 걸린 전쟁을 너무 쉽게 얘기하지. 녀석이 대장이 된다면 반드시 패할 것이네."

기원전 260년, 조 왕은 진秦나라의 소문만 믿고서 염파廉頗를 파직하고 대신 조괄을 대장군에 임명했다. 막 취임해서 친히 정예부대를 이끌고 출병한 조괄은 파격적인 전술로 진군 군영의 가장 허술한 곳을 공격해 진군을 퇴각시켰다. 승리를 거둔 후에도 조군이 공세를 늦추지 않고 계속해서 맹공을 퍼부어 진군은 또 다시 퇴각했다. 그런데 패주하는 것만 같았던 진군이 갑자기 조괄의 퇴각로를 막아버려서 조군은 두 개로 나뉘고 말았다. 이어서 진군은 신속하게 조군의 보급로를 차단했다. 간신히 40일을 버틴 조괄은 군량과 무기가 다 떨어진 상태에서 최후의 일전에 나섰지만 결과는 조군의 참패였다. 조군은 전부 투항했고 조괄은 활에 맞아 목숨을 잃었다.

그 후 사람들은 전쟁을 논할 때는 훌륭하지만 실제 전쟁에서는 무참히 패배한 것을 두고 조괄을 가리켜 탁상공론에만 능한 자라고 했다.

─────── ❁ **지혜가 꼬리를 무는 역사 이야기** ❁ ───────

삼국 시대에 마속馬謖이 가정街亭 지역을 빼앗긴 고사도 '지상담병紙上談兵'의 또 다른 예다.

가정街亭은 군량을 전선으로 보내는 요충지였다. 당시 가장 적합한 인물을 찾지 못한 제갈량은 그 임무를 맡겠다고 자원한 마속을 가정으로 파견했다. 마속은 군대를 통솔해 가정에 도착한 다음 우선 지형 조사를 마치고 산 아래 다섯 갈래 길이 만나는 길목으로 갔다.

부장인 왕평王平이 나무를 구해 와서 울타리를 쳐야 한다고 했다. 다시 말해 그 길목에 진을 치고 적군을 막아야 한다는 주장이었다. 일단 성벽만 쌓으면 천군만마가 온대도 병사 한 명이 지키는 관문을 공략할 수 없을 것이라 계산한 것이다.

그러나 마속은 옆에 있는 산에 숲이 무성하여 천연 요새를 형성하니 이미 유리한 지점을 차지한 아군이 위군이 도착하기를 기다려 맹공을 가하면 충분하리라고 생각했다.

그러자 왕평은 위군이 산 아래에서 물 공급선을 차단해버리면 촉군은 물 부족으로 끝내는 전투다운 전투도 해보지 못하고 혼란에 빠질 것이라고 반박했다.

그러나 마속은 『손자병법』에서 '사지에 몰려야 살 수 있다'고 했다면서 위군이 물 공급선을 끊으면 촉군은 필사적으로 싸울 테고 그러면 병사 한 명이 적 열 명을 상대할 정도로 용맹해질 것이라고 주장했다.

'사지에 몰린 후에야 살 수 있다'는 전술이 성공할 수 있었던 것은 불리한 지리적 환경을 이용해 효과적으로 병사들의 사기를 제고시킨 덕분이었다. 그러나 열악한 지리적 환경이 반드시 높은 사기로 전

환되는 것은 아니다. 마속은 옛것을 배우고도 완전히 자기 것으로 소화하지 못해 결국 웃음거리로 전락하고 말았다.

인생의 무기가 되는 사기

4

섶 위에서
잠을 자고
쓸개를
핥는다

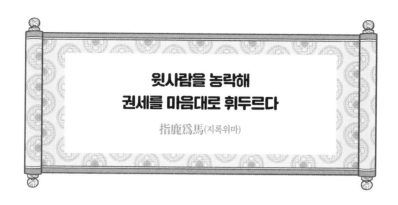

# 윗사람을 농락해
# 권세를 마음대로 휘두르다

指鹿爲馬(지록위마)

팔월 기해己亥(60갑자의 36번째)에 반역을 준비하던 조고趙高는 다른 대신들이 끝에 가서 동조하지 않을까 봐 그들을 한번 시험해 보기로 했다. 조고는 이세二世에게 사슴 한 마리를 바치면서 이렇게 말했다. "여기 말 한 마리가 있습니다." 그러자 진 이세가 웃으면서 말했다. "승상이 틀렸소. 이것은 사슴이지 말이 아니오." 이번에는 조고가 주변에 있던 대신들에게 물었다. 그랬더니 일부는 침묵을 지켰고 일부는 조고의 의도를 알아차리고서 잘 보이려고 말이라 했으며 일부는 사슴이라고 했다. 그러자 조고는 법률을 위반했다는 핑계를 대며 사슴이라고 답한 사람들을 몰아냈다.

———

진시황이 죽은 후에 중차부령中車府令을 맡은 환관 조고는 진시황의 막내아들 호해胡亥와 결탁해서 재상 이사李斯를 위협하고 유서를 위조해 호해를 황제에 추대했다. 그가 바로 진 이세二世다.

진 이세는 자신의 즉위에 큰 공을 세운 조고를 낭중령郎中令에 임명했고 조고는 이세의 최측근이 되었다. 그러나 그는 여전히 재상인 이사보다 직위가 낮은 것이 늘 불만이었다. 후에 그는 이사를 모함해 죽이고 결국은 자신이 재상 자리에 올랐다. 그러나 그의 야심은 여기서 끝나지 않고 황제 자리까지 넘봤다. 조고는 대신들의 마음을 떠보고자 한번 그들을 시험해 보기로 했다.

어느 날 조정에 꽃사슴을 한 마리를 끌고 가서 이세에게 말했다. "제가 막 찾아낸 준마 한 필을 폐하께 바치고자 끌고 왔습니다." 진 이세는 조고가 사슴을 말이라고 하자 웃으며 말했다. "승상이 틀렸소. 이것은 분명 사슴인데 어찌 말이라 하는 거요?" 조고가 말했다. "폐하, 이것은 말이지 사슴이 아닙니다. 못 믿으시겠다면 도대체 말인지 사슴인지 다른 대신들에게 물어보시죠."

이를 지켜본 대신들은 일부는 침묵을 지키고 일부는 조고에게 잘 보이려고 사슴이라 했다. 물론 조고의 뜻에 따르지 않고 사실대로 사슴이라 말한 대신도 있었다. 이 일이 있은 후 조고는 그때 사슴이라 대답한 대신들을 모함해 감옥에 넣어 버렸다. 그리하여 대신들이 그를 더욱 두려워하게 되었다.

　명나라의 위충현魏忠賢은 희종熹宗 주유교朱由校의 총애를 받아
사례태감司禮太監에 오른 후 동림당東林黨을 탄압하는 데 열을 올렸다.
일부 관리들은 위충현의 권세와 지위를 등에 업고 승승장구했다. 그
러면서 위충현의 공덕을 칭송하는 생사당生祠堂(관리의 공적을 기리고자 백
성이 생시에 그를 모시던 사당) 건립이 전국적으로 유행하는 등 점차 나쁜
풍토가 조성되었다.

　천계天啓 6년(1626년) 6월, 절강 순무 반여정潘汝楨이 상소를 올려
위충현을 위해 생사당을 건립해 달라고 처음으로 주청했다. 그는 사
실을 완벽히 왜곡하여指鹿爲馬 동창東廠의 위충현이 나라를 위해 성실
히 일하고 백성 구휼에 힘쓰니 지방 백성이 이를 칭송하여 생사당을
건립해야 한다고 입을 모은다며 공언空言했다. 주유교도 즉각 서면으
로 자신의 의견을 피력했다. "백성들의 뜻이 그러하니 생사당을 짓도
록 해라."

　그 후 순식간에 생사당 건립 열풍이 전국적으로 확산되었다. 위
로는 봉강대리封疆大吏 염명태閻鳴泰, 유조劉詔, 이정백李精白, 요종문姚宗
文에서부터 아래로는 일반 무인과 상인, 건달들까지도 앞다투어 위충
현을 흉내 냈다. 그들은 민간 소유 농지를 강점하고 멋대로 가옥을 부
수고 심지어는 묘에 있는 나무까지 채벌하는 등 만행을 서슴지 않았
다. 뿐만 아니라 각지에 분포한 생사당은 지극히 화려하게 치장되었

고 문무를 겸비한 완벽한 인물로 위충현을 신격화했다.

위충현은 생사당을 자신에 대한 사람들의 충성도를 측정하는 기준으로 여겼다. 그러면서 반여정이 생사당 건립을 요청하는 상소를 올렸을 때 문서 정리와 보고를 하루 늦게 올렸다는 이유로 어사 이지대李之待의 관직을 박탈했다. 또 계주도車州道 호사용胡士容은 생사당을 건립할 당시 글을 써 남기지 않고, 준화도遵化道 경여기耿如杞는 생사당을 지을 때 절을 하지 않았다는 이유로 모두 감옥에 갇히고 사형에 처해졌다. 이렇듯 위충현은 생사당 건립 풍조를 이용해 대신들을 시험하고 자신과 뜻이 다른 사람을 주살했다. 그는 희종 때 육칠 년 동안 온갖 부귀영화를 누리며 명나라 삼 대 환관 중 한 명으로 이름을 남겼다.

# 하찮은 인정이나 베푼다

### 婦人之仁(부인지인)

한신이 두 번 절을 하고 칭송하며 말했다. "……항왕은 사람을 대할 때 공경하고 자애로우시며 말을 하실 때는 온화하고 아픈 병사가 있으면 마음 아파 눈물을 흘리십니다. 또 당신의 먹을 것을 나누어주시지요. 그런데 부하가 공을 세워 관직과 작위를 높여줄 때면 미리 파놓은 인장을 모서리가 닳아 없어질 정도로 만지작거리고 선뜻 내주려 하지 않습니다. 이것이 바로 부인들의 하찮은 인정입니다."

---

초나라와 한나라가 전쟁할 때 명장 한신은 원래 항우를 섬겼다. 그러나 그에게 중용 받지 못하자 항우를 버리고 유방에게 갔다. 후에 유방은 소하蕭何의 적극 추천으로 한신을 대장군에 임명했다.

한신이 대장군이 된 후에 유방이 물었다. "소하가 여러 차례 자네를 추천한 걸 보면 분명 좋은 계략이 있을 게야. 어서 한번 말해 보시오." 한신이 대답했다. "신은 한때 항왕을 모시며 일했습니다. 그래서 그의 능력도 단점도 잘 알고 있습니다. 항왕이 한 번 고함을 치면 수천 명이 놀라 넘어졌다고 하니 얼마나 용감하고 거칠겠습니까? 그러나 다른 사람의 의견을 수용할 줄 모르고 능력 있는 장수를 중용할 줄 모른다는 단점이 있지요. 다시 말하면 그의 용기는 필부의 용기에 불과할 뿐입니다."

한신은 항우의 필부지용匹夫之勇을 이야기한 다음, 두 번 절을 하고 칭송하는 말을 했다. "항왕은 사람을 대할 때 공경하고 자애로우시며 말을 하실 때는 온화하고 아픈 병사가 있으면 마음 아파 눈물을 흘리십니다. 또 당신의 먹을 것을 나누어 주시지요. 그런데 부하가 공을 세워 관직과 작위를 높여줄 때면 미리 파놓은 인장을 모서리가 닳아 없어질 정도로 만지작거리고 선뜻 내주려 하지 않습니다. 이것이 바로 부인들의 하찮은 인정입니다." 다시 말해 항우의 두 가지 특징은 얼핏 보면 장점 같지만 실은 단점이었다. 또 후에 봉지를 나누어 줄 때도 논공행상하지 않고 개인적인 친분에 따른 탓에 크게 인심을 잃었다. 그리고 그는 진군할 때마다 살인과 약탈을 일삼아 아무래도 천자가 되기에는 자질이 부족했다. 반면 유방은 관중에 입성한 후 옳은 일만 한 덕분에 민심은 자연히 그에게 기울었다. 뿐만 아니라 삼진三秦의 부로父老(중국 전국戰國·진秦·한漢 시대의 취락의 대표자이며, 질서 유지 책임자)도 모두 유방이 진나라 영토에 들어와 왕이 되기를 바랐다.

한신이 마지막으로 정리해서 말했다. "삼진은 격문을 보내 해결할 수 있습니다." 그러니까 유방이 선전포고만 하면 삼진 지역은 곧바로 그의 손에 들어간다는 뜻이다. 유방은 이 말을 듣고 고개를 끄덕이며 먼 장래를 내다보는 능력을 갖춘 한신이 자기에게 온 것이 다행이라고 생각했다.

## ❈ 지혜가 꼬리를 무는 역사 이야기 ❈

경녕竟寧 원년(기원전 33년) 5월, 한漢 원제元帝가 43세에 병사하자 태자 유오劉驁가 즉위해 한 성제成帝가 되었다. 그리고 왕정군王政君이 황태후에 봉해졌다.

왕정군은 자신이 권력을 장악하든가 적어도 자신의 가족 손에 있어야 한다고 생각했다. 그래서 그녀는 조정을 마음대로 조정하려고 왕봉王鳳을 대사마대장군령상서사大司馬大將軍領尙書事에 봉하고 왕숭王崇을 안성후安成侯에 봉해 식읍을 만 호나 내렸다. 왕담王譚 등도 관직과 작위가 높아져 식읍을 받았다. 관리 중에서 가장 지위가 높은 '대사마대장군령상서사'는 거의 왕씨 집안에서 독점했다. 이렇게 왕봉을 필두로 왕음王音·왕상王商·왕근王根·왕망王莽의 관직이 순서대로 올라 어느덧 왕씨 외친이 권력의 중심을 지키게 되었다.

기원전 1년에 태후 왕정군은 조카 왕망을 대사마에 임명했다. 대권이 왕망의 손에 넘어간 것이다. 이때 왕망은 조정 곳곳에 자신의 측근을 심어 놓았다. 얼마 후 그는 황제의 직권까지 대행했다. 기원후 5년에 왕망은 마침내 한 평제平帝를 독살하고 겨우 두 살인 유영劉㶼을 황제로 추대했다. 태후는 왕망에게 섭정을 시키다가 얼마 지나지 않아 그를 섭황제攝皇帝에 봉했다. 시기적으로 성숙되었다 여긴 왕망은 국호를 고치고 스스로 황위에 올랐으며 사람을 보내 태후에게서 옥새를 빼앗아왔다.

태후는 그제야 왕망의 의도를 알아차렸다. 그때 그녀가 성이 난 나머지 왕망에게 옥새를 던져버려서 옥새는 탁자 위에 떨어져 모퉁이 한 곳이 떨어져 나가고 말았다. 남조南朝의 사학자 범엽范曄은 『후한서後漢書』에서 전체적인 것을 보지 못하고 작은 것에 얽매이는 것을 '부인지인婦人之仁'이라 했다.

9년 정월에 왕망은 정식으로 황제가 되었고 왕조 이름을 '신新'으로 개명했다.

# 늙으면
# 뜻을 이루기 힘들다

馮唐易老(풍당이로)

한漢 문제文帝 후원後元 7년, 한 경제가 즉위하여 풍당馮唐을 초楚나라 재상으로 보냈는데 얼마 지나지 않아 면직되었다. 한 무제 즉위 당시 덕과 재능을 갖춘 인재를 구하려 하니 모두 풍당을 천거했다. 하지만 풍당은 이미 90세의 고령이어서 더는 관직을 맡을 여력이 없었으므로 대신 그의 아들 풍수馮遂를 낭관郎官에 기용했다.

---

풍당은 한 무제 때의 이름난 대신으로 효제孝悌(부모에 대한 효도와 형제에 대한 우애)로 유명했고 중랑서中郎署를 지냈다. 풍당은 정직하고 사심이 없으며 정실에 얽매이지 않는 성품이라 관직 사회에서 배척당했다. 그래서 나이가 들도록 미관말직에만 머물렀다.

후에 북방의 흉노족이 다시 한나라를 침략했을 때 한 문제는 흉노를 평정할 장군을 각지에서 모집했다. 하루는 한 문제가 낭서를 지나가다가 우연히 풍당과 군대의 고위 관리들을 화제로 대화를 나누었다. 이때 한 문제는 풍당의 재능을 매우 높이 샀다. 풍당은 그 기회에 운중雲中 태수 위상魏尙이 면직당한 일을 항소하며 복직을 간청하고 그에게 흉노 정벌 임무를 맡겨 달라고 했다. 위상은 한 문제의 기대를 저버리지 않고 흉노를 물리쳤고 풍당은 어진 인재를 천거한 공으로 거도위車都尉에 봉해졌다.

한 경제가 즉위한 후 풍당은 성격이 너무 강직한 탓에 얼마 못 가 결국 관직을 박탈당하고 말았다. 한 경제가 죽은 뒤에 한 무제가 즉위했고 변방에는 다시 흉노가 출몰했다. 한 무제가 널리 인재를 구하는데 누군가가 풍당을 추천했다. 그러나 당시 풍당은 이미 90세의 고령이어서 마음은 있지만 더는 관직을 맡을 여력이 없었다. 훗날, 사람들은 노후에 뜻을 이루기 힘들다는 것을 형용할 때 '풍당이로'라는 말을 썼다.

─── ※ **지혜가 꼬리를 무는 역사 이야기** ※ ───

한번은 한 무제가 낭서에 시찰을 나갔다. 그런데 그곳에서 남루한 옷차림에 걸음조차 비틀거리고 머리카락이 하얗게 센 한 노인을 만났다. 한 무제는 의아했다. 낭관은 대개 20대 젊은이들이 맡아 하는 일인데 어찌하여 백발이 성성한 노인이 아직까지 낭관에 있는지 궁금

한 것이었다.

한 무제는 노인에게 직접 물어보았다. "이름이 무엇인가? 언제부터 낭서에서 일을 했나?" 노인이 대답했다. "저는 안사顏駟입니다. 강도江都 출신이고 문제 때 낭관이 되었습니다." 한 무제가 또 물었다. "어찌 이 나이가 되도록 낭관을 하고 있는가?" 안사가 대답했다. "문제께서는 문인을 아끼셨는데 저는 무를 좋아합니다. 경제께서는 나이든 관리를 좋아하셨는데 당시 저는 너무 젊었습니다. 그리고 폐하께서는 젊은 관리를 중용하시는데 저는 이미 너무 늙어 버렸습니다. 그래서 삼 대에 걸쳐서 관직에 있지만 아직까지 발탁되지 못했습니다."

무제는 이렇게 삼 대에 걸쳐 관직에 있는 신하가 오로지 황제가 선호하는 것에 맞지 않다는 이유로 발탁되지 못하고 결국은 '풍당이로馮唐易老'의 결말을 맞게 된 것에 큰 충격을 받았다. 사실 따지고 보면 이는 안사의 잘못이 아니라 인재를 등용하는 사람의 잘못이다. 한 무제는 안사의 재능과 식견을 알아본 뒤 그를 회계도위會稽都尉로 삼았다.

# 잘못이
# 이루 헤아릴 수 없을 만큼 많다

擢髮難數(탁발난수)

범수范万가 말했다. "네 죄가 몇 가지나 되는지 알겠느냐?" 수가須賈가 황급히 대답했다. "제 머리카락을 모두 뽑아 헤아린다 해도 부족할 만큼 많습니다."

---

범수는 전국 시대 위魏나라 사람이다. 한번은 위나라에서 중대부中大夫 수가를 제齊나라에 파견했는데 당시 범수가 그를 수행했다. 그런데 제 양왕襄王은 수가를 접견하지 않고 시간만 끌면서 범수에게는 선물로 큰돈을 보냈다. 평소 범수의 말솜씨를 경모했던 것이다. 물론 범수는 이를 받지 않았지만 수가의 의심을 샀다. 수가는 범수가 제양왕에게 위나라의 기밀을 누설했다고 생각했다.

귀국한 후 수가는 재상 위제魏齊에게 이 일을 과장하여 보고했다. 이를 듣고 크게 노한 위제는 범수를 잡아와 죽도록 때리고 돗자리에 말아서 내버렸다. 다행히도 범수는 그때까지 숨이 붙어 있었고 문지기에게 자신을 집까지 데려다 달라고 부탁했다. 범수는 건강을 회복한 뒤에 이름을 장록張祿으로 바꾸고 위나라를 탈출해 진秦나라로 갔다. 그리고 그는 진나라에서 소왕의 신임을 얻어 재상의 자리에까지 올랐다.

후에 진나라가 파병해 위나라를 공격하려는데 위나라는 스스로 적을 막을 능력이 없다는 것을 알고서 진나라에 수가를 사자로 파견해 분위기를 완화시키고자 했다. 수가는 진나라에 도착한 뒤에 진나라 재상 장록이 바로 범수라는 사실을 알게 되었다. 그는 황급히 재상부로 찾아가 웃옷을 벗고 용서를 빌었다. 범수가 수가를 질책하며 물었다. "네 죄가 몇 가지나 되는지 알겠느냐?" 그러자 수가는 고개를 끄덕이며 대답했다. "제 머리카락을 모두 뽑아 헤아린다 해도 부족할 만큼 많습니다."

---------- ❧ **지혜가 꼬리를 무는 역사 이야기** ❧ ----------

서한 말년, 왕망은 한漢 평제平帝를 죽이고 황위를 찬탈해 국호를 '신新'이라 하고 개국했다. 왕망은 즉위하고서 곧바로 일련의 복고 정책을 폈다. 그중에는 전국의 토지를 모두 국유로 전화하여 고대 정전제井田制를 회복하려는 의도인 '왕전제王田制'도 있었다. 또 그가 새로

시행한 경제 정책은 역대 공업·상업 법규의 이자 제도를 없애거나 수정해 탄력적으로 운용하면서 백성을 약탈해 국고를 살찌우는 도구로 이용되었다. 그 밖에도 화폐 개혁을 모두 네 번이나 단행해 백성의 재산을 야금야금 국고로 흡수했다. 이런 정책들이 실행되어 사회는 더 큰 혼란에 빠졌고 백성의 고통은 더해만 갔다.

왕망은 엄청난 양의 황금과 질 좋은 자재를 사용해 크고 아름다운 궁전을 아홉 군데나 지었다. 그래서 당시에는 무거운 노역에 시달리다 죽은 선량한 백성의 시체가 길에 널려 있었고 그 모습은 실로 참혹했다. 또한 여러 차례 무리하게 대외 확장을 시도하면서 관병 수십만 명을 변경 지대로 원정 보냈는데 그 비용도 모두 백성에게 부담 지웠다. 수천 수만의 선량한 백성이 혹정과 출정의 이중고 속에서 부지기수로 죽어갔다. 이렇듯 왕망의 혹정으로 백성의 생활은 도탄에 빠졌고 원성이 자자했다.

후에 서주西州 상장군 외기隗囂가 왕망을 토벌할 때 올린 격문에 이런 말이 있다. "머리카락을 뽑아도 그의 죄를 모두 셀 수 없을 것이며擢髮難數 초나라와 월나라의 대나무를 모두 사용해 기록한다고 해도 부족할 만큼 많다."

# 다른 사람의 힘으로
# 일을 이룬다

因人成事(인인성사)

모수毛遂가 왼손으로는 피가 담긴 그릇을 들고 오른손을 들어 19명에게 손짓하며 말했다. "여러분은 섬돌 아래서 이 피를 함께 마셨소. 여러분은 모두 다른 사람의 힘을 빌려 임무를 완수하려는 쓸모없는 사람들이오."

---

평원군平原君이 문객들을 데리고 초楚나라 왕을 접견하러 가서 초나라와 조趙나라가 연합하여 진秦나라에 대항해야 한다고 주장했다. 그러나 초 왕은 진나라가 두려워 윤허하지 않았다. 평원군과 초 왕은 이른 아침부터 해가 중천에 뜨도록 이야기를 나눴지만 도무지 결론이 나지 않았다. 모수 등은 초조해지기 시작했다. 그러자 누군가가 모수에게 농담으로 말했다. "모 선생, 가서 당신의 실력을 한번 보여주시죠!"

모수는 곧장 검을 들고 계단을 올라 궐 안으로 느긋하게 들어가서는 평원군을 찾아가 말했다. "조나라와 초나라가 연합해 진나라에 대항하는 거사에 어떤 이해득실이 따르는지 말하자면 단 한마디면 끝납니다. 그런데 어째서 반나절을 이야기하고도 결론을 내리지 못하시는 겁니까?" 그러자 초 왕이 평원군에게 물었다. "이 사람은 누구인가?" 평원군이 대답했다. "제 가신입니다."

초 왕이 모수를 꾸짖자 모수가 검을 들고 앞으로 나아가 초 왕에게 말했다. "초나라가 대국이라서 이렇게 저를 꾸짖으시나본데 지금 대왕의 열 걸음 안에는 아무것도 없다는 것을 아셔야 합니다. 대왕의 목숨이 제 손에 달렸는데 지금 저를 꾸짖으시는 겁니까?" 초 왕은 아무 말도 하지 못했다. 모수는 이번에는 간절한 어투로 '합종合從'을 설명했고 초 왕은 이에 수긍하며 연거푸 고개를 끄덕였다. "정말 선생이 말한 대로요. 합종에 참여하고 싶소." 이렇게 조나라는 초 왕과 삽혈歃血을 하고 진나라에 대항했다. 모수는 대전 밖의 19명에게 이렇게 말했다. "자네들은 남의 힘을 빌려 일을 성사시키려는 아무짝에도 쓸모없는 인간들이네."

--------- ❈ **지혜가 꼬리를 무는 역사 이야기** ❈ ---------

어린 시절에 호설암胡雪巖은 곤궁한 환경에서 자랐다. 그래서 장남이었던 호설암은 가족을 부양하기 위해 친척의 소개를 받아 전장에

서 도제徒弟로 일을 했다. 그는 바닥 청소부터 요강 비우기까지 온갖 궂은일을 도맡아 했다. 이렇게 도제로 삼 년을 보낸 후 성실하고 정직한 그는 마침내 정식 직원이 되었다. 바로 이 시기에 호설암은 곤경에 빠진 왕유령王有齡을 알게 되었다. 왕유령은 자가 설헌雪憲이고 복건福建 후궁侯宮 출신이다. 도광道光 연간에 왕유령은 절강 염운사鹽運使를 그만두고 상경하려 했으나 그만한 여비가 없었다. 이때 호설암이 그의 비범함을 한눈에 알아보고 그에게 은 500냥을 빌려주며 어서 상경하여 관료가 되라고 격려했다.

왕유령은 천진에서 오랜 친구인 시랑侍郎 하규청何桂清을 만나 그의 도움으로 절강 순무 아래 있다가 병참 총판總辦이 되었다. 왕유령은 출세한 후 호설암의 은혜를 잊지 않고 그가 독립해 전장을 낼 수 있도록 도와주었다. 이 전장의 이름이 부강阜康이다. 그 후 왕유령의 관직이 높아지면서 호설암의 전장도 나날이 번창해 갔고 전장 외에도 여러 점포를 경영하게 되었다.

후에 호설암은 좌종당左宗棠 아래 있을 때 조방漕幫 두목을 알게 되어 조운漕運 상의 편의를 얻었고, 전장과 전당포·약방·포목점을 경영하며 무기 사업에도 손을 댔다. 또한 상인들과 연합해 서양에 대항하니 그야말로 '인인성사因人成事'였다. 결국 호설암은 그 범상한 능력으로 중국 상업사에 빛나는 한 획을 그었다.

# 원대한 포부를
# 가슴에 품어라

鴻鵠之志(홍곡지지)

진섭이 길게 한숨을 쉬며 말했다. "어허, 연작燕雀이 어찌 홍곡鴻鵠의 뜻을 알랴!"

---

진秦나라 말년, 무거운 조세 부담과 고된 요역과 가혹한 형벌로 농민들은 살길이 막막했다. 당시 진나라에 진승陳勝(자는 섭涉)이라는 젊은 농민이 있었는데 그 역시 다른 사람들과 함께 고용되어 남의 논밭에서 일을 했다.

한번은 밭일을 잠시 멈추고 밭두렁에 앉아 쉬는데 갑자기 마음속에서 분노가 일었다. 그러다가 갑자기 일어나 다른 사람들에게 이렇게 말했다. "나중에 부자가 되어도 오늘 함께 이토록 고생스레 밭

4장. 섶 위에서 잠을 자고 쓸개를 핥는다

일했던 것을 잊지 맙시다." 그와 함께 고용된 사람들이 자조하며 말했다. "남의 밭에 고용되어 일하는 주제에 무슨 부귀를 누릴 수 있겠소?" 진승이 한탄하며 말했다. "제비나 참새가 어찌 기러기와 백조의 원대한 포부를 알랴!"

진 이세 원년 7월, 조정은 병사를 징집해 어양漁陽으로 수비대를 보냈다. 당시 900여 명이 대택향大澤鄉에서 숙영했는데 때마침 큰 비가 와서 더는 행군할 수가 없었다. 아무래도 조정에서 정한 날짜 안에 어양에 도착하는 것은 무리였다. 그러나 진의 법령에 따르면 날짜를 지키지 못하는 것은 바로 처형 대상이었다.

이렇게 죽을 운명에 처한 900여 명의 병사가 막다른 골목에 몰린 가운데 둔장屯長이었던 진승은 이번이야말로 자신의 포부를 실현할 절호의 기회라 생각하고 오광吳廣과 상의하여 기의를 결정했다.

기원전 209년, 진나라에는 진승과 오광이 이끄는 농민 기의가 발발했다. 그리고 전국 각지에서 이들에 호응하면서 기의는 급속히 확산되었다. 비록 진승, 오광은 기의를 일으킨 지 얼마 지나지 않아 목숨을 잃었지만 각지에서 일어난 농민 무장 부대는 결국 진 왕조를 타도했다.

───── ❁ **지혜가 꼬리를 무는 역사 이야기** ❁ ─────

범중엄范仲淹은 두 살에 아버지를 여의었다. 어머니는 극빈한 환경과 의지할 사람조차 없는 상황에서 결국은 상산常山의 주씨 집으로 개가했다. 성장한 후에야 자신의 출생에 대해 알게 된 범중엄은 눈물로 어머니에게 이별을 고하고 응천부應天府 남도학사에서 공부를 시작했다.

범중엄은 밤낮으로 학업에 정진했다. 오 년 내내 옷을 벗고 잠이 든 적이 한 번도 없을 정도였다. 피로가 극에 달했을 때는 얼굴에 차가운 물을 뿌려서 졸음을 쫓았다. 그리고 그는 늘 배불리 먹지 못했다. 심할 때는 하루에 죽 한 그릇이 전부일 때도 있었다. 보통 사람이라면 매우 견디기 힘든 고통스런 생활이었지만 범중엄은 한 번도 불평하지 않았다.

남경 유수留守의 아들인 한 학우가 이런 모습을 지켜보고는 집에 돌아가 아버지에게 그의 이야기를 했다. 그러자 감동한 남경 유수는 사람을 시켜 범중엄에게 음식을 가져다주었다. 그러나 범중엄은 며칠이 지나 음식이 모두 상하도록 전혀 음식에 손을 대지 않았다. 남경 유수의 아들이 왜 먹지 않느냐고 이유를 묻자 범중엄이 대답했다. "자네 호의에는 감사하네만 나는 습관상 소박한 음식이 익숙해서 그러네. 내가 지금 이런 기름지고 풍성한 음식을 먹으면 앞으로 죽이 성에나 차겠나?"

역시 그의 노력은 헛되지 않았다. 오 년 동안의 고생 끝에 범중엄은 마침내 유가 경전에 정통하고 시문에 능한 학자가 되었다. 또한 백성에게 이익과 혜택을 베풀겠다는 '홍곡지지鴻鵠之志'를 세웠다. 그는 과거를 통해 1015년에 진사에 합격하고 광덕군廣德軍 사리참군司理參軍에 임명되어 소송과 재판을 담당했다.

# 겉모습은 같으나
# 실제로는 다르다

優孟衣冠(우맹의관)

우맹優孟이 즉각 손숙오孫叔敖의 의복과 관모를 만들어 입고서 그의 언행과 음성, 용모를 흉내 냈다. 그렇게 일 년여가 지나자 신통하게도 모방의 정도가 진짜와 거의 같아 초楚 장왕莊王의 근신조차 진위를 가려 내기 힘들 정도였다. 마침 초 장왕이 주연을 베푸는데 우맹이 앞으로 나와 장왕에게 축배를 올렸다. 손숙오가 다시 살아난 것이라 생각한 장왕은 깜짝 놀라고 말았다. 장왕은 그에게 초나라 재상을 맡아 달라고 했다.

---

우맹은 원래 가무에 능한 초나라 출신 배우였다. 그는 키가 팔척이나 되고 특히 언변이 뛰어났다. 초나라 재상 손숙오는 우맹이 현명한 인재라는 것을 알아보고 그를 무척 잘 대해 주었다. 손숙오는 임

4장. 섶 위에서 잠을 자고 쓸개를 핥는다

종 전에 아들에게 이런 유언을 남겼다. "내가 죽은 후에는 분명 집안 형편이 어려워질 것이다. 그러면 우맹을 찾아가서 네 신분을 밝혀라. 그러면 그는 분명히 널 도와줄 것이다."

　　그로부터 몇 년이 지나고 손숙오의 아들은 집안 형편이 어려워져 장작을 팔며 살아야 했다. 한번은 길에서 우연히 우맹을 만나 그가 우맹에게 말했다. "저는 손숙오의 아들입니다. 아버지께서 임종 전에 형편이 어려워지면 선생님을 찾아가 보라고 하셨습니다." 우맹이 대답했다. "멀리 떠나지 말게나."

　　우맹은 집에 돌아간 후 즉각 손숙오의 의관을 입고 그의 언행을 흉내 냈다. 그렇게 일 년여가 지나자 신통하게도 우맹의 행동거지는 손숙오와 거의 똑같았다. 마침 초 장왕이 연회를 베풀었는데 우맹이 앞으로 나와 축배를 올렸다. 손숙오가 다시 살아온 것이라 생각한 장왕은 깜짝 놀라고 말았다. 장왕은 그에게 초나라 재상 직을 맡기고자 했다. 그러자 우맹이 말했다. "집에 돌아가 처자식과 이 일을 상의해 보도록 윤허해 주십시오. 삼 일 후에 와서 재상 직을 맡도록 하겠습니다." 장왕은 그렇게 하라고 했다.

　　삼 일 후, 우맹은 다시 장왕을 찾아갔다. 장왕이 물었다. "뭐라 하던가?" 우맹이 말했다. "처자식이 저에게 초나라 재상은 할 가치가 없다며 절대 재상 직을 맡지 말라고 했습니다. 왕께서는 손숙오처럼 초나라 재상을 맡아 충직하고 청렴하게 왕을 보좌한 신하가 있어 마침내 천하를 얻으셨습니다. 그런데 손숙오가 죽은 뒤 그의 아들은 매우 빈곤하게 생활하며 매일 장작을 팔아 근근이 살아가고 있습니다. 저는 손숙오처럼 초나라 재상을 하느니 차라리 스스로 목숨을 끊겠습니다." 장왕은 우맹에게 유감을 표하고 곧바로 손숙오의 아들을 불러 침구寢丘 땅의 400호를 하사했다.

───── ❈ **지혜가 꼬리를 무는 역사 이야기** ❈ ─────

기원전 205년에 서초패왕 항우의 군대는 형양성滎陽城 아래에 근접하여 형양을 지키던 유방의 군대와 일 년여를 대치했다. 이른바 초한 전쟁이 쌍방 대립 구조로 치닫는 때였다. 당시 한나라 군대는 형양성 남쪽에 길을 내고 있었다. 서북쪽으로는 진秦나라 때 만들어진 오창敖倉과 바로 통해서 한漢군은 대군을 파견해 그곳을 수비했다. 그래서 오창에 남은 군량으로 형양의 수비군에 군량을 공급하며 초楚나라 군대와 전투를 계속할 수 있었다. 그때 항우가 번쾌의 건의를 받아들여 한군의 보급선을 빼앗기로 했다. 보급선이 끊기면 병사들이 불안을 느낄 것이고 사태가 위태로워질 터였다. 그 낌새를 알아낸 유방은 화의를 요청했다. 형양을 경계로 동쪽은 초나라가, 서쪽은 한나라가 나눠 가지자는 조건을 내걸었지만 항우는 이를 거절했다.

장군 기신紀信이 소식을 듣고는 한 왕을 알현하고 건의했다. "사태가 위급하니 제가 초군의 주의를 다른 곳에 돌릴 동안 대왕께서는 이곳을 빠져나가십시오."

유방은 진평陳平이 낸 계책으로 초군을 속일 계획을 세웠다. 그 날 밤, 밤이 깊어지자 갑옷을 입은 부녀자 2천여 명이 무리를 지어 형 양성 동문을 빠져나오는 것이 보였다. 기신은 자신이 한 왕 전용의 황 색 천막 마차를 타고 마치 한 왕이 나온 것처럼 꾸며 큰 소리로 성 안 의 군량이 떨어져 초나라에 항복을 원한다고 외쳤다. 이에 초군은 일 제히 만세를 부르며 성 동쪽으로 몰려가 그 행렬을 지켜보았다. 유방 은 이 틈을 타 기마병 10여 명만 데리고 서문으로 성을 빠져나갔다.

항우는 형양에 입성한 후에야 한 왕의 마차에 타고 있던 것이 유 방이 아니라 기신이 가장한 것임優孟衣冠을 알았다. 화가 잔뜩 난 항우 는 기신을 산 채로 불태워 버렸다. 그리고 계속해서 내달아 성고成皐까 지 점령했다.

# 섶 위에서 잠을 자고
# 쓸개를 핥는다

臥薪嘗膽(와신상담)

오吳 왕王이 월越 왕王을 사면해 주어 구천句踐은 마침내 귀국했다. 귀국한 후에 구천은 심사숙고하며 심혈을 기울여 나라를 다스렸다. 쓰디쓴 쓸개를 매달아 놓고 앉아서나 누워서나 고개만 들면 쓸개를 핥아 쓴 맛을 보았다. 또한 음식을 먹을 때도 쓸개를 핥았다.

---

춘추 시대, 인접한 오나라와 월나라는 자주 전쟁을 벌였다.

기원전 297년 부초夫椒 전투에서 오나라가 큰 승리를 거둬 오왕 부차는 월 왕 구천을 강제로 회계산會稽山에 구금해 고립시켰다. 하지만 이때 구천은 대부 문종文種의 계략에 따라 오나라 태재太宰에게 금은보화와 미인들을 몰래 선물하며 환심을 샀다. 월 왕 구천이 이 태재에게 부탁해 오 왕 부차에게 사정하자 오 왕은 드디어 월 왕 구천의 화의를 받아들여 주었다.

그래서 월 왕 구천은 처자식과 함께 오나라로 가 부차의 선친 무덤 옆 석실에서 지내며 그곳을 지키고 말을 키우며 살았다. 부차가 출타할 때면 구천은 늘 말채찍을 들고 공손하게 그의 뒤를 따랐다. 후에 오 왕 부차가 병이 들자 구천은 충성을 보이려고 친히 부차의 대변 맛을 보고 병세를 판단했다. 그런 모습을 보고 부차는 구천이 자신을 경애하며 충성을 다한다고 생각해 구천 부부를 월나라로 돌려보냈다.

월 왕은 귀국한 후에 자신이 오나라에서 받았던 수치를 말끔히 씻어 버리겠다고 결심했다. 그는 당시의 수치를 잊지 않으려고 매일 딱딱한 땔감 더미 위에서 잠을 잤다. 또 문에 쓰디쓴 쓸개를 걸어 두고 밥을 먹거나 잠이 들기 전에 그것을 핥으며 그때 얻은 교훈을 잊지 않겠다고 다짐했다. 그 밖에도 그는 자주 궐 밖으로 나가 민심을 살피며 그들의 문제에 귀를 기울였고 백성이 편안하게 살 수 있도록 애쓰면서 동시에 군대도 강화했다.

### 지혜가 꼬리를 무는 역사 이야기

청나라 때, 호남 순무 낙병장駱秉章의 고문으로 있던 좌종당左宗棠은 낙병장에게 깊은 신임을 얻고 있던 터라 안하무인이었다. 한번은 그가 총병總兵 번섭樊燮에게 무릎 꿇고 문안 올리라고 요구했는데 번섭이 이를 거절했다. 그러자 크게 노한 좌종당은 그의 앞으로 가서 발로 차며 큰 소리로 욕을 했다. "이런 몹쓸 놈, 당장 꺼져!"

　이 일은 함풍咸豊 황제의 귀에까지 들어갔지만 당시 함풍은 마침 인재가 필요한 때여서 그를 벌주지 않았을 뿐 아니라 오히려 직급을 올려 4품관에 봉했다. 게다가 성지를 내려 번섭의 관직을 파하기까지 했다. 그러자 번섭은 가족을 데리고 고향인 호북 은시恩施로 가서 집을 짓고 거액을 들여 명사들을 모셔왔다. 그리고 이 층을 서재로 사용하며 선생과 아들을 제외하고는 아무도 올라가지 못하게 했다.

　번섭은 좌종당이 자신에게 한 여섯 글자의 욕을 목판에 새겨 조상의 신주를 모셔 놓은 방에 함께 두고 두 아들에게 당부했다. "수재秀才에 통과해야 네 겉옷을 벗을 수 있고 향시에 급제해야 네 속옷을 벗을 수 있다. 그러면 좌종당과 관직이 같아질 것이다. 진사가 되고 한림翰林에 오르면 이 목판을 태우고 조상께 네가 좌종당을 능가했다고 알리도록 해라."

　아버지의 명을 받은 두 아들은 책상에 '좌종당을 죽여라左宗棠可殺'라는 다섯 글자를 새겨 넣고 공부에만 열중하며 바깥출입도 하지 않았다.

　10여 년에 걸친 '와신상담臥薪嘗膽' 끝에 번섭의 두 아들은 모두 진사에 합격했고 그중에 한 아들은 조정의 추천까지 받았다. 작은 아들 번산樊山은 진사에 합격했을 뿐 아니라 한림원에도 들어가게 되었다. 또 최종적으로 양강총독兩江總督 대리라는 고위직에 올랐으며 한편으론 대시인이기도 했다.

　　　　　4장. 섶 위에서 잠을 자고 쓸개를 핥는다

그들의 급제 소식이 전해진 날 두 형제는 아버지 무덤을 찾아가
이 기쁜 소식을 전하고 사람들이 보는 가운데 욕이 적힌 목판을 태워
버렸다.

# 국가나 임금에게
# 큰 죄를 짓다

大逆不道(대역부도)

한韓 왕은 사자를 파견해 각 제후들에게 전했다. "천하의 제후들이 공동
으로 의제義帝를 옹립하고 스스로 신하라 칭하며 섬기었소. 지금 항우가 강
남에서 의제를 추방하고 시해하였으니 이야말로 대역무도한 죄가 아니고
무엇이겠소. 내 친히 의제를 위해 발상하니 제후들은 상복을 입어야 할 것
이오. 내 곧 관중의 전군을 이끌고 하남·하동·하내河內 삼군사병을 소집해
장강·한수漢水·남안으로 내려갈 터이니 제후들은 더불어 의제를 시해한
죄인을 처단하길 바라오."

진秦나라 말기에 평민 봉기가 일어나자 항량項梁은 범증范增의
건의에 따라 사람을 시켜 민간에서 초楚 회왕懷王의 손자 웅심熊心을
찾으라 했다. 이때 웅심은 다른 사람의 양을 키우며 살고 있었다. 항량

은 그를 찾아낸 후 왕으로 추대하고 초 회왕의 시호를 이어서 사용했다. 그러나 항량이 죽은 후에 항우가 제후들을 위협해서 회왕은 실질적으로 천하를 호령하는 지위를 상실한 상태였다.

진나라가 멸망한 이후에 항우는 사자를 보내 초 회왕에게 물었다. "원래의 약조를 지켜야 하지 않습니까?" 초 회왕이 대답했다. "원래의 약조에 따라 먼저 함양에 도착하는 사람이 왕이 되는 것으로 하지요." 항우는 이에 불만을 표했다. "회왕은 나의 숙부가 추대한 것이고 천하는 제후들과 내가 함께 싸워 쟁취한 것인데 그가 무슨 자격으로 맹약을 주재한단 말인가?" 그래서 그는 회왕을 의제라 하여 유명무실한 황제 자리에 앉혀놓고 자신은 서초패왕이 되어 실권을 장악했다.

얼마 후 항우는 의제를 장사군長沙郡 침현縣으로 추방하고 형산왕衡山王 오병吳閼과 임강왕臨江王에게 의제를 죽이라고 지시했다. 그러나 이 명령이 집행되지 않자 항우는 다시 가장 믿음직한 장군 경포鯨布에게 도움을 청했다. 그래서 경포는 한 원년 8월에 부하에게 의제를 죽이라고 명령했다. 그러나 당시 의제는 자신의 봉지인 장사長沙에 있었다. 이에 경포가 의제를 추격해 죽이라고 명령하자 의제는 살기 위해 남쪽으로 계속 도망가 침주郴州까지 갔다. 하지만 결국은 10월에 피살되고 말았다.

의제가 시해를 당한 후 기원전 205년, 한 왕 유방은 겉으로는 아닌 척하면서 뒤로는 다른 꿍꿍이가 있었다. 관중을 평정하고 소하에게 맡기고 나서 유방 자신은 군대를 이끌고 출관하여 항우와 중원을 다투었다. 그리고 3월에는 낙양에 도착해 신성新城의 삼로三老(향鄕의 우두머리)인 동공董公(동탁)의 의견에 따라 의제를 위해 각 제후들이 연합해 의제를 시해한 죄인을 처단하자는 구호를 외쳤다. 그러자 순식간에 상산·하남·한韓·위·은殷의 제후 다섯 명이 이에 호응하여 유방의 통솔 하에 모였고 초나라 도읍 팽성彭城으로 진격한 그 규모는 무려 50만 여명에 달했다.

---

## ❈ 지혜가 꼬리를 무는 역사 이야기 ❈

기원전 594년 7월에 진秦 환공桓公이 출병하여 진晉나라를 정벌했다. 진晉의 영토인 보씨輔氏(지금의 산시 다리현大縣)에서 교전을 하는데 진晉의 장군 위과魏顆와 진秦의 장군 두회杜回가 만나 서로 싸웠다. 이들이 한 치의 양보도 없이 싸우고 있을 때 위과는 전장에 웬 노인이 한 명 나타나 재빨리 풀들을 매듭짓는 것을 보았다. 그러자 추격하던 진나라 대장 두회는 그 풀매듭에 말의 발이 걸려 중심을 제대로 잡지 못하고 결국 바닥에 떨어졌다. 그렇게 해서 두회를 포로로 잡은 위과는 대승을 거두었다.

진晉군이 승리한 날 밤에 위과는 꿈속에서 낮에 풀을 매듭지어 두회를 걸려 넘어지게 한 그 노인을 보았다. 노인은 자기 딸이 위과 부친의 애첩인데 위과의 부친이 죽었을 때 자신의 딸을 함께 순장하지 않았다고 했다. 그래서 그에 보답하려고 한 일이라 했다.

　원래 진晉나라 대부 위무자魏武子는 애첩이 한 명 있었다. 위무자가 막 병이 났을 때 아들 위과에게 당부하기를 "내가 죽거든 그녀를 개가시키도록 하라고 말했다." 얼마 지나지 않아 위무자의 병이 위중해지자 다시 아들 위과에게 당부했다. "내가 죽거든 반드시 그녀를 순장해라."

　그러나 위과는 위무자가 죽은 후에 아버지의 애첩을 함께 매장하지 않았다. "병이 위중할 때는 정신이 맑지 못합니다. 제가 이 여자를 개가시키는 것은 아버지가 정신이 맑을 때 저에게 당부하신 것을 따르려는 것입니다." 당시 많은 사람이 아버지의 유언을 따르지 않는다며 위과를 '대역부도大逆不道'하다 했지만 위과는 자신의 뜻을 굽히지 않고 아버지의 애첩을 개가시켰다.

## 도리에 순종하지 않고
## 억지로 한다

倒行逆施(도행역시)

오자서伍子胥가 말을 전하러 온 사람에게 말했다. "자네가 신포서申包胥에게 말 좀 전해주게. '해는 저물었으나 아직도 갈 길은 머네. 그래서 조급한 나머지 도에 어긋난 행동을 하고 있네'라고 말일세." 이를 들은 신포서는 진나라로 가서 초나라의 위급한 상황을 알리고 구원을 요청했다. 그러나 진나라는 승낙하지 않았다. 이에 신포서는 진나라 조정에 서서 밤낮으로 슬피 울었다. 무려 칠 일 밤낮 그의 울음소리가 그치지 않았다고 한다.

───────────

기원전 522년, 초楚 평왕平王이 사람을 시켜 태자와 오사伍奢를 죽였다. 오사의 큰 아들 오상伍尙은 피살되었고 둘째 아들 오자서는 초나라를 탈출하다가 길에서 친구 신포서를 만났다. 그는 신포서에게 반드시 초나라를 멸망시키겠다고 맹세했다. 그러자 신포서가 오자서에게 말했다. "자네가 초나라를 멸망시킬 수 있다면 내가 다시 세울 것이네!"

기원전 506년, 오자서는 오 왕 합려를 설득해 초나라를 공격했다. 그들은 적절히 계략을 사용해 성공적으로 초나라의 수도인 영도郢都에 입성했다. 그러자 초 소왕은 급히 영도에서 철수하여 다른 나라로 도망갔다. 그때 신포서도 왕과 함께 산 속으로 도망쳤다. 한편 오자서가 초 평왕平王의 묘를 파서 그의 시신을 채찍으로 300대나 내리쳤다는 소식을 듣고 신포서는 굉장히 분노했다. 그래서 사람을 보내 오자서에게 말을 전하라고 했다. "자네가 부모 형제의 복수를 하고 싶다고 해도 이건 너무했네! 사람이 많이 모이면 하늘도 이길 수 있다지만 하늘이 정하면 사람도 무너뜨릴 수 있다고 하지 않았나? 한때 평왕의 신하였던 자네가 지금 초나라를 배신하고 적국을 돕는 것도 부족해 죽은 사람에게 채찍질을 하다니 이야말로 천도를 거스르는 극단적인 행동이 아닌가!"

그러나 오히려 오자서는 말을 전하러 온 사람에게 말했다. "우선 내 대신 신포서에게 감사의 마음을 전하고 이렇게 말하게. '내가 점점 나이를 먹어 가니 생전에 부친의 복수를 못할까 걱정이네. 복수만 할 수 있다면 다른 것은 아무래도 상관없네'라고 말일세."

신포서는 오자서의 강경한 태도를 확인하고 진나라로 건너갔다. 그러나 진 왕이 도움을 거절하자 진 왕 궁궐에 서서 칠 일 밤낮을 통곡했다. 이를 본 진 왕은 결국 마음을 바꿔 초나라에 파병해 돕기로 했다. 진나라는 전차 500대를 보내 초나라 수도를 점령한 오나라 군대를 물리쳤다. 같은 해 6월, 오나라 군대는 직구稷丘에서 또 대패했다. 게다가 이때 오나라 내부에서 내란이 발생하는 바람에 오자서와 오왕은 철군해 본국으로 돌아갈 수밖에 없었다.

──────── ❀ **지혜가 꼬리를 무는 역사 이야기** ❀ ────────

초나라 태자 건建이 정鄭나라에서 피살되었다. 당시에는 마침 건의 아들 승勝이 오나라에 있었다. 그래서 초나라 영윤 자서子西는 그를 본국으로 소환할 생각이었다. 심제량沈諸梁이 자서를 찾아와 물었다. "왕손 승을 소환할 생각이시라 들었습니다. 영윤께서는 그를 기용하려는 것입니까?" 자서가 대답했다. "승이 강직하고 영합하지 않으며 아주 용맹하다고 들었네. 그래서 술변戌邊의 국경 수비를 맡기려 하네." 심제량이 말했다. "제가 듣기로는 그는 속이 좁고 간교하며 오직 아버지 복수를 할 생각만 한다고 합니다. 절대 선으로 악을 물리치고 덕행을 닦을 사람이 아닙니다. 그리고 아버지 복수 하나만 생각하니 국사를 돌볼 여력이 있겠습니까? 만약 데려온 후에 영윤께서 총애하고 신임하지 않으신다면 그의 분노를 사게 될 것이며, 총애하고 신임한다 해도 탐욕이 끝이 없어 혹시 변경 지역이 침략이라도 당한다면 그는 분명히 그곳을 지키지 않고 이탈할 것이 뻔합니다. 한 나라가 망하려면 조정 안 간신들이 '도행역시倒行逆施'한다고 했습니다. 아직은 나라 문을 굳게 닫고 그가 오는 것을 경계해야 합니다. 지금 그를 불러 오면 나라가 망할 날이 머지않게 될 것입니다."

그러나 자서는 심제량의 권고를 듣지 않고 결국 승을 데려와 술변의 변경 수비를 맡기고 백공白公에 봉했다. 후에 그는 오나라와 벌인 전투에서 전승을 거두고 돌아와 오만 방자하게 군사 훈련마저 공으로 인정해달라고 무리하게 요구했다. 그러더니 결국에는 반란을 도모하여 초楚 혜왕惠王을 납치하고 조정에서 국가 중신인 자서와 자기子期 등을 죽여 초나라 정권을 탈취했다.

# 비슷한 두 세력이 공존할 수 없다

## 勢不兩立(세불양립)

전광田光이 자리를 잡고 앉아 보니 주위에 아무도 없었다. 태자가 자리에서 일어나 전광에게 공손히 말했다. "선생께서는 연나라와 진나라가 공존할 수 없다는 점을 유념해주시지요." 전광이 말했다. "기기騏驥가 건장했을 때는 하루에 천 리를 달린다지만 노쇠해지면 형편없는 말들도 그를 앞지른다고 들었습니다. 지금 태자께서는 저의 혈기 왕성한 시절만 생각하시고 계신 듯 한데 저는 지금 노쇠하여 여력이 없습니다. 그러니 제가 주제 넘게 국사를 논할 수는 없습니다. 저의 벗 형경荊卿이라면 이 임무를 맡기셔도 좋을 듯합니다."

전국 시대, 연나라 태자 단은 남몰래 진시황을 암살할 자객을 찾고 있었다. 그는 자신의 스승인 국무鞠武에게서 전광이 용감하고 지모

4장. 섶 위에서 잠을 자고 쓸개를 핥는다

에도 능하다는 말을 듣고는 즉각 전광을 데려오게 했다. 전광이 국무와 함께 알현하러 오자 태자 단은 매우 기뻐하며 공손한 태도로 전광을 궁으로 안내했다. 그리고 주변에 있는 사람들을 모두 물러가게 한 후에 최대한 성의를 표하며 전광에게 말했다. "연나라와 진나라는 공존할 수 없다勢不兩立는 것을 선생님도 잘 아실 것입니다. 선생께서 용감하고 지모도 뛰어나다는 이야기를 익히 들었습니다. 선생께서 위험에 처한 연나라를 구해주실 수 있겠습니까?" 전광이 연신 손을 가로저으며 말했다. "국무가 저를 소개한 것은 과거 혈기 왕성한 시절의 저를 생각한 것이지요. 지금은 벌써 70이 넘어 쓸모가 없습니다." 태자 단은 다소 실망한 듯했지만 그래도 마지막 희망을 버리지 않고 물었다. "그럼 이 일을 맡아줄 적임자가 없을까요?" 전광이 잠시 생각에 잠긴 후에 대답했다. "저에게 형가라는 벗이 있는데 그에게 이 중책을 맡기셔도 좋을 듯싶습니다."

태자 단은 기쁨을 감추지 못하고 전광에게 형가를 소개해달라고 부탁했다. 전광은 두말없이 허락하고 바로 자리를 떴다. 태자 단은 친히 전광을 문까지 배웅하며 당부했다. "오늘 우리가 나눈 이야기는 국가의 대사이니 선생께서는 부디 누설하는 일이 없도록 해주십시오." 전광이 허리를 굽히고 웃으면서 말했다. "태자께서는 염려 마십시오."

전광은 즉각 형가에게 궁에 가서 태자 단을 뵈라고 했다. 형가는 주저하지 않고 바로 승낙했다. 그러자 전광이 말했다. "태자께서 혹

나에 대해 물으시거든 전광은 이미 죽었다고 말씀드리게. 그래야 태자께서 더 이상 기밀이 누설될까 염려하지 않으실 테니 말일세." 전광은 말을 마치고 자결했다.

--------- ⊛ **지혜가 꼬리를 무는 역사 이야기** ⊛ ---------

서한 말년, 왕망이 패배한 후에 유현劉玄이 황제에 올랐다. 그때 부풍扶風 무릉茂陵 출신인 경엄耿弇은 그의 아버지 경황耿況을 따라 유현 휘하로 들어갔다. 그런데 얼마 지나지 않아 한단 출신의 왕랑王郞이 한 성제成帝의 아들이라고 자처하며 서한 종실의 유휴劉休와 대부호 이육李育 등의 추대를 받고 황제가 되어 한단을 수도로 삼았다.

그러자 경엄 휘하의 손창孫倉, 위포衛包 등은 경엄에게 왕랑을 섬기라고 권했다. 경엄은 이 말을 듣고 크게 노해 검을 빼들고 말했다. "왕랑 이 반역자! 나와 왕랑은 절대 공존할 수 없다勢不兩立! 내가 장안에 도착해 폐하께 파병을 윤허 받으면 반드시 그에게 승리할 것이다. 그런데 어찌 대국을 헤아리지 못하고 역적에게 붙으라 하는 것인가! 역적의 편이 되면 멸문지화를 입을 것이니라!"

그러나 결국 이들은 모두 떠나고 경엄 한 사람만 남았다. 그는 유수劉秀가 당시 하북 정현定縣에 있다는 소식을 듣고 혈혈단신으로 그를 찾아갔다. 경엄과 유수는 처음부터 서로 마음이 잘 맞았다. 그는 유수에게 부친의 관할 지역인 상곡上谷으로 가서 발판을 닦으라고 권했다. 그들이 계현薊縣에 막 도착했을 때 왕랑의 군대가 추격해 왔다. 유수는 남쪽으로 도주할 준비를 하고 휘하의 장군들과 이를 논의했다. 그때 경엄이 말했다. "적이 남쪽에 있으니 그리로 가서는 안 됩니다. 어양 태수 팽총彭寵이 주공과 동향이고 상곡 태수는 저의 부친이십니다. 이 두 곳의 지지를 얻으면 기병 수만을 통제하실 수 있고 한단의 왕랑도 염려할 필요가 없으실 것입니다." 그래서 유수는 경엄의 뒷받침 속에 하북을 평정하고 근거지로 삼았다.

인생의
무기가
되는
사기

노한
머리칼이
관을
들어 올린다

# 새로운 세력이
# 갑자기 생겨나다

異軍突起(이군돌기)

그 젊은이들이 차라리 진영陳嬰을 왕에 추대하여 다른 군인들과 차별을 두기 위해 푸른 두건을 머리에 쓰고 새로 궐기한 의군임을 표시하자고 했다.

___

진나라 말년 진 이세가 주색에 빠져 방탕한 생활을 하자 백성의 원성이 도처에 가득했다. 때마침 진승과 오광이 가장 먼저 깃발을 들고 일어나자 각지에서 호응이 일기 시작했다.

그리고 동양현東陽縣에서 어떤 젊은이가 현령을 죽이자 수천 명이 모여들었다. 이들이 대장을 한 명 뽑으려 했는데 그에 적합한 인물을 찾지 못했다. 그때 현 내에서는 옥리獄吏 진영이 위신이 높아 동양현 백성의 존경을 받았다. 백성들은 그를 대장에 추대했다. 진영이 자신은 능력이 부족하다며 극구 사양했지만 그들은 강제로라도 진영을 대장에 앉힐 생각이었다. 현에서 그를 추종하는 사람은 2만 명에 달했고 모두 한결같이 진영에게 대장이 되어달라고 청했다.

후에 동양현 젊은이들은 진영을 왕에 추대하고자 독자적으로 파派를 형성했다. 그리고 그들의 모든 병사는 청색 두건을 머리에 묶어 이전과는 다른 새로운 군대라는 점을 강조했다. 그때 모친이 진영에게 말했다. "내가 너희 진가에 시집온 후로 선조에 훌륭한 인물이 있다는 이야기를 들어본 적이 없느니라. 지금 네가 이렇게 갑자기 큰 명성을 얻게 된 것은 길조가 아닌 듯해서 걱정이 되는구나. 어미가 보기에는 다른 사람 아래로 들어가는 편이 나을 것 같다. 그리하면 봉기가 성공한다면 제후에 봉해질 수 있고 설사 봉기가 실패해도 그 혐의를 벗기 쉽지 않겠니? 그래야 네가 사람들의 이목을 피할 수도 있고 말이다."

진영은 모친의 말씀을 듣고 감히 왕이 되지 못했다. 마침 항량이 병사를 이끌고 강을 건너왔고 진영은 항량 휘하로 들어갔다.

───── ❈ **지혜가 꼬리를 무는 역사 이야기** ❈ ─────

명나라 말년에 누르하치努爾哈赤는 점점 세력을 확장해 니칸 와일란尼堪外蘭 세력 등을 소멸하며 그 명성이 날로 높아졌다. 그리고 몇 년 지나지 않아 건주建州의 여진을 통일했다. 이러한 누르하치의 갑작스런 궐기異軍突起는 여진족의 다른 부락들을 벌벌 떨게 만들었다. 당시 여진족은 모두 세 부로 나뉘었고 건주 여진 외에도 해서海西 여진과 야인野人 여진이 있었다. 1593년에 엽혁부葉赫部가 여진, 몽골의 아홉 개 부락을 연합해 3만 명에 달하는 규모가 되었고 이를 셋으로 나누어 누르하치를 공격했다.

누르하치는 9부 연합군이 공격한다는 소식을 듣고 우선 응전할 준비를 마친 후 적군의 진격로에 정예군을 매복시켰다. 그러고는 길섶과 산기슭에 나무와 돌을 쌓아 전투 준비를 했다. 전투가 시작되자 건주 병사는 산 위에서 진영을 지키고 있다가 엽혁부의 수령 몇 명을 죽였다. 그러자 아직 통일된 지휘 체계를 갖추지 못한 9부 연합군은 사방으로 흩어져 버렸다. 누르하치는 승세를 몰아 이들을 추격했고 마침내는 엽혁부를 물리쳤다.

몇 년이 더 흘러 누르하치는 여진족의 각 부락을 거의 통일하고 여진족 사람들을 팔기八旗에 편입시켰다. 기旗 하나에는 우록牛淆이 여러 개 있고 우록 하나에는 300명이 속했다. 이들은 평소에는 경작과 사냥을 하며 생활하고 오직 전시에만 전투에 투입된다. 누르하치는 명나라 조정을 안심시키려고 지속적으로 조공을 바치며 신하로서의 도리를 다했다. 이에 명나라는 누르하치의 태도가 공손하다 여기고 그를 용호龍虎 장군에 임명했다. 그 밖에도 그는 수차례 북경을 방문하며 명나라 정치의 허실을 관찰했다.

1616년, 그는 시기가 무르익었다고 판단하고 팔기 유족의 추대를 받으며 허투아라赫圖阿拉(지금의 랴오닝遼寧 신빈新賓 부근)에서 칸汗에 올라 국호를 금金이라 했다. 역사에서는 과거의 금金나라와 구별하고자 이를 후금後金이라 부른다.

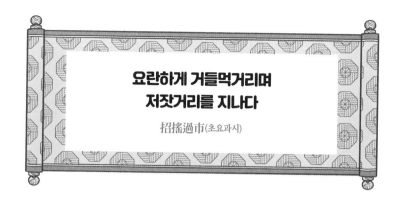

## 요란하게 거들먹거리며
## 저잣거리를 지나다

招搖過市(초요과시)

위도衛都에서 한 달 가량을 지냈을 무렵 위衛 영공靈公은 부인과 함께 수레를 타고서 환관 옹도雍渠의 호위를 받으며 궐 밖으로 유람을 나갔다. 그리고 공자를 두 번째 수레에 타게 해 사람들 눈을 끌어 과시하려 했다.

---

공자가 56세에 위나라에 가자 위 영공의 부인 남자南子는 공자에게 사람을 보내 만나고 싶다는 말을 전했다. 그러나 공자는 당시 위나라 국정을 좌지우지하고 행동도 단정하지 못했던 남자를 만나고 싶지 않았다. 그러나 남자가 기필코 공자를 봐야겠다고 해서 공자도 더는 사양할 수 없게 되었다. 결국 한 번 가서 형식적으로라도 보고 오기로 했다. 궐에 들어가 남자를 알현할 때 공자는 막을 사이에 두고 북쪽

을 향해 절을 하고는 바삐 그곳을 떠났다.

돌아오는 길에 제자 자로子路가 이 일을 불만스러워 하며 스승에게 그런 자리에 가서는 안 되는 것이었다며 원망하자 다급해진 공자가 맹세했다. "내가 잘못이 있다면 하늘이 싫어할 것이다."

한 달 정도가 지나 위 영공과 남자가 수레를 타고 출궁을 했는데 억지로 공자를 함께 데리고 가 잔뜩 뽐내며 거리를 지나갔다. 공자는 이에 크게 반감을 가져 결국은 위나라를 떠났다.

---

### ❄ 지혜가 꼬리를 무는 역사 이야기 ❄

진晉 무제武帝 사마염司馬炎은 위·촉·오 삼국을 합병하고 진을 건립한 후에 자신의 일족을 각지의 왕으로 봉해 통치를 공고히 하고자 했다. 그러나 예상과는 반대로 이것이 오히려 나중에 동란이 일어나게 할 화근이 되고 말았다. 무제가 죽은 후에 그의 아들인 혜제惠帝 사마충司馬衷이 즉위했다. 그러나 바보 황제였던 혜제는 결국 황후 가남풍賈南風에게 실권을 빼앗겨버렸다. 그러자 진 무제의 숙부 조왕趙王 사마륜司馬倫이 정변을 일으켜 가후賈后를 죽이고 조정을 자신의 손아귀에 넣었다.

사마륜은 집정한 후에 멋대로 관리를 임명하고 친척과 같은 당파 사람을 공작과 후작에 봉했으며 친지나 친구, 심지어는 집에서 부리는 하인과 잡부에게까지 벼슬을 주거나 자신을 가까이서 시중드는 관리로 삼았다. 당시 관리들은 비싼 담비 꼬리로 관모 장식을 했는데 사마륜이 관리를 마구 임명해대는 바람에 관리 수가 급증해 담비 꼬리 수요를 다 댈 수가 없었다. 그래서 비슷하게 생긴 개 꼬리로 대체하는 수밖에 없었다. 이 관리들은 진짜 실력을 갖추지 못했고 품행도 단정치 못했으며 오직 밖에 나가서 우쭐거릴 줄만 알았다招搖過市.

백성들은 이를 매우 원망하며 풍자하는 말을 지었다. "담비가 부족하자 개 꼬리가 대신하는군." 개 꼬리가 담비를 대신한 결과란 가히 짐작할 수 있을 것이다. 후에 제왕 사마경司馬冏·성도왕 사마영司馬穎·하간왕河間王 사마옹司馬顒이 연합하여 사마륜에게 반격했다. 하지만 사마륜이 파견한 장수들은 서로 권력과 이권 다툼에만 정신이 팔려 줄줄이 패해 버렸고 사마륜 자신도 반역자들이 준 독주를 마시고 최후를 맞이했다.

## 이를 따르는 자는 성할 것이요
## 이를 어기는 자는 망할 것이다

順之者昌 逆之者亡(순지자창 역지자망)

음양가陰陽家는 사시四時(사계절의 변화)와 팔위八位(팔괘에 따른 여덟 가지 방향), 십이도十二度(황도를 12부분으로 나눈 행성의 위치), 그리고 이십사절기에 각기 해야 할 일과 금기해야 할 것이 정해져 있다고 했다. 이를 따르는 자는 성할 것이요, 이를 어기는 자는 망할 것이라 했다. 그러나 반드시 그런 것만은 아니다. 지나치게 구속을 받으면 두려움을 느끼게 된다고 했다.

---

음양가는 전국 시대의 시작과 함께 출현한 학파의 하나로 주로 음양오행陰陽五行의 관계를 논의했다. 당시 제나라의 추연鄒衍이 대표적으로 토·목·금·화·수의 오행이 바로 오덕五德이다. 오덕은 서로 대체할 수 있고 계속 순환하며 인간과 사회 역사의 발전 규칙을 설명할

수 있다. 그중에서 사시·팔위·십이도·이십사절기에 각각 해야 할 일과 하지 말아야 할 일이 있으며 이를 따르는 자는 성할 것이요, 이를 어기는 자는 망할 것이라 했다.

팔위는 팔괘의 방향을 나타낸다. 진괘震卦는 동, 이괘離卦는 남, 태괘兌卦는 서, 감괘坎卦는 북, 건괘乾卦는 서북, 곤괘坤卦는 서남, 손괘巽卦는 동남, 간괘艮卦는 동북을 의미한다. 십이도는 12개 별자리를 의미한다. 고대 중국 사람들은 별의 위치를 관측하고자 황도黃道를 12개로 나누고 '12차十二次'라 했다. 그리고 각 차는 별 이름 몇 개를 사용해 나타냈다. 이십사절기는 입춘立春·우수雨水·경칩驚蟄·춘분春分·청명淸明·곡우穀雨·입하立夏·소만小萬·망종芒種·하지夏至·소서小暑·대서大暑·입추立秋·처서處暑·백로白露·추분秋分·한로寒露·상강霜降·입동立冬·소설小雪·대설大雪·동지冬至·소한小寒·대한大寒이다.

사마천의 부친 태사공 사마담은 『논육가요지論六家要旨』에서 주로 유儒·묵墨·도道·명名·법法·음양陰陽의 육가를 논했다. 또한 그중에서도 음양을 육가의 으뜸으로 보았다. 사마천은 조상들이 내린 결론이 늘 옳다고 생각하지는 않았지만 그 역시 음양가가 지적한 춘생春生(봄에는 싹트고)·하장夏長(여름에는 자라고)·추수秋收(가을에는 거두고)·동장冬臧(겨울에는 저장하고)의 자연법칙이 중요하다는 것과 그 안에 내포된 지혜를 인정했다.

서한 말년에 왕망은 새 왕조를 건립하고 공손술公孫述을 독군태
수獨郡太守에 임명했다.

공손술은 자가 자양子陽이다. 젊은 시절부터 정치에 두각을 드러
내 현지 태수에게 중용을 얻고 현 다섯 곳을 동시에 관리하는 중책을
맡았다. 그가 다스리는 현에서는 도둑들이 종적을 감췄고 백성이 편
안하게 생활했다. 25년, 유수가 낙양에서 스스로 황제라 칭하고 동한
東漢을 건립했다. 그리고 같은 해에 공손술은 성도에서 자칭 백제白帝
라 칭하고 국호를 '성가成家', 연호를 '용흥龍興'이라 하면서 지금의 쓰
촨四川과 충칭重慶의 대부분 지역과 산시·윈난雲南·구이저우貴州 세 개
성의 일부를 통치했다.

유수는 대장 내흡來歙을 보내 촉을 정벌하라 했다. 전쟁에서 매
번 내흡이 승리를 거두자 공손술은 사람을 보내 내흡을 암살하고 한
군의 공세를 와해시켰다. 이듬해 유수가 이번에는 잠팽岑彭에게 수륙
양군을 이끌고 촉을 정벌하게 했다. 잠팽은 용병술에 능한 인물이었
다. 그러나 당시 촉군이 천험天險의 요새를 점령하고 있던 터라 상황은
한군에게 매우 불리했다. 그래서 잠팽은 계략을 썼다. 눈앞에 있는 적
을 살짝 피해 맹렬한 기세로 곧바로 성도까지 치고 들어간 것이다. 공
손술은 이번에도 사람을 보내 잠팽을 암살해버렸다.

공손술은 병력이 약하지도 않고 암살 계획도 항상 성공했지만

당시 백성이 진정으로 바란 것은 안정된 생활과 전국 통일이었다. 역사의 흐름은 아무도 막을 수 없었다. 순응하는 자는 번영할 것이고 거역하는 자는 멸망할 것이다順之者昌 逆之者亡. 공손술은 병사를 이끌고 성 밖으로 나가 응전했다가 크게 패하고 돌아왔다. 게다가 공손술 자신도 흉부에 부상을 입어 그날 밤 바로 세상을 떴고 그의 나라도 결국 멸망했다.

후에 당나라 시인 주담周曇이 시를 써서 공손술公孫述에 대한 감탄을 표현했다. "물 샐 틈 없는 방어로 견고한 성과 같은 촉蜀을 누가 감히 다투나, 자양의 재능과 학식으로도 영웅이 될 수 없네. 통치자가 덕을 수양하지 않고 지세에만 의지해서는 안 된다는 것을 이제야 알았으니 위잔危棧에서 한군을 언제 막았던가?"

장량이 유방에게 간언했다. "진秦 왕이 무도하여 패공께서 그들을 물리치고 궁 안으로 들어갈 수 있었던 것입니다. 폭정을 펼치는 진 왕조를 철저히 전복시키고 싶다면 반드시 옷차림이 검소해야 하고 행동은 믿음이 가야 합니다. 지금 막 진나라 궁에 들어오신 패공께서 궁중 생활의 안락함에 안주하신다면 폭군을 도와 백성을 해치는 것과 다름없습니다. 충언은 듣기 싫지만 행동에는 도움이 되고 좋은 약은 입에 쓰지만 병을 고치는 데는 좋다고 했습니다. 그러니 패공께서도 번쾌의 진언을 받아들여 주시기 바랍니다."

---

제齊나라 도혜왕悼惠王 33년(기원전 207년), 유방은 낙양 남쪽의 헌원軒轅으로 갔고 장량이 병사를 이끌고 그의 뒤를 따라 한국의 성 10여 곳을 공격해 양웅楊熊 군대를 물리쳤다. 유방은 한국 왕 성유成留에

게 양적陽翟을 지키라 명했다. 그러고는 장량과 함께 남하하여 완宛을 공격하고 서쪽의 무관武關에 입성했다. 유방은 군사 2만여 명을 보내 진나라의 요하군嶢下軍을 공격해서 결국 물리쳤다. 또한 궤멸한 진군이 북쪽의 남전藍田까지 도망간 것을 쫓아가 교전을 두 번 벌였고 진군을 철저히 섬멸했다. 그리고 곧 유방이 군대를 이끌고 함양으로 들어가자 진 왕 자영子攖은 유방에게 투항했다.

그때 궁에 들어간 유방은 아름다운 궁녀 수천 명에 현혹되어 한순간 그곳에 눌러 살고 싶은 생각이 들었다. 그래서 번쾌가 간언을 올려도 듣지 않았다. 그러자 장량이 유방에게 한 마디 올렸다. '충언은 귀에 거슬리나 행동에는 도움이 되고 좋은 약은 입에 쓰지만 병에는 좋다'라는 도리를 설명하며 번쾌의 의견을 수용할 것을 희망했다. 결국 유방은 장량의 권고를 받아들이고 병사를 돌려 파상秇上으로 갔다.

─────── ❀ **지혜가 꼬리를 무는 역사 이야기** ❀ ───────

당 현종玄宗 때의 대신 한휴韓休는 엄격하고 강직한 인물로 명예나 권세를 탐하지 않았다. 재상이 된 후 그가 하는 행동은 모두 민심을 얻었다. 재상 소호蕭嵩는 애초에 한휴가 공명에 욕심이 없으니 통제하기 쉬울 것이라 생각하고 현종에게 추천한 것이었다. 그러나 두 사람이 함께 일을 하게 되자 한휴가 정도를 고집하며 추천인인 자신을 잘 따르지도 않자 소호는 점점 반감이 생겼다. 그러나 송경宋璟은 감탄하며 이렇게 말했다. "한휴에게 이런 능력이 있는 줄 미처 몰랐구나."

　당 현종은 때로 궁 안에서 연회를 열어 마시고 즐겼고 동원에서 사냥 놀이를 하기도 했다. 그러다가 혹시 조금이라도 실수를 하면 이렇게 말했다. "한휴가 이 사실을 알더냐?" 그러면 말이 떨어지기가 무섭게 간언이 올라왔다.

　한번은 현종이 아무 말 없이 거울을 보고 있었다. 주변 사람들이 말했다. "한휴가 재상이 된 후에 폐하의 모습이 전과 달리 많이 여위셨습니다. 그런데 어째서 그를 내치지 않으십니까?" 당 현종이 탄식하며 말했다. "비록 내 모습은 여위었지만 천하는 훨씬 풍요로워졌네. 소호는 늘 내 뜻에 따랐으나 그가 물러간 후에 나는 편히 잠이 들 수 없었지. 반면에 한휴는 이치에 따르려 힘쓰나 그가 돌아간 후에 나는 편히 잠들 수 있네. 소위 '충언역이忠言逆耳'라고 하지 않나. 한휴를 쓰는 것을 국가를 위한 것이지 나를 위한 것이 아니네."

# 노한 머리칼이
# 관을 들어 올린다

怒髮衝冠(노발충관)

인상여는 진秦 왕이 조趙나라에 성을 내줄 마음이 없음을 눈치 채고 이렇게 말했다. "사실은 화씨벽和氏璧에 작은 흠이 있습니다. 이리 주시면 어디인지 짚어 드리도록 하겠습니다." 그러자 진 왕은 화씨벽을 인상여에게 건넸다. 화씨벽을 받아든 인상여는 몇 걸음 뒤로 물러서 기둥에 몸을 기대고 섰다. 그러더니 머리카락이 관모를 뚫고 나올 정도로 불 같이 화를 냈다.

———————

조나라 혜문왕惠文王이 천하제일의 보물인 화씨벽을 손에 넣자 진나라 소왕昭王은 그것이 탐나 성 15개와 그것을 바꾸자고 제안했다. 조 왕은 아무래도 진 왕에게 다른 속셈이 있는 것 같아 화씨벽을 보내고 싶지 않았지만 한편으로는 진나라가 무력으로 침략해올 것이 두려

위 결정을 내리지 못하고 망설였다. 이때 한 신하가 인상여를 추천해서 조 왕은 그에게 화씨벽을 들려 진나라에 사신으로 보냈다.

진 왕은 시종 거만한 태도를 굴며 조정이 아니라 임시 거처인 한 궁실에서 인상여를 접견했다. 인상여는 진 왕이 성 15개와 화씨벽을 맞교환할 의사가 없다는 것을 눈치 채고 화씨벽에 흠이 있다고 거짓말을 했다. 그리해서 일단 화씨벽을 손에 넣은 인상여는 몇 걸음 물러나 기둥에 몸을 기대고 서서는 크게 화를 냈다. 이어 격앙된 목소리로 말했다. "조 왕과 대신들이 함께 상의한 결과, 대왕께서 쉽게 성을 내주시지 않으리란 것은 이미 짐작했습니다. 그래서 진나라에 화씨벽을 내주지 않기로 결정했지요. 하지만 조 왕은 저를 믿고서 결단을 내렸고 예를 다해 닷새 동안 재계齋戒(제사를 올리기 전에 심신을 깨끗이 하고 금기를 범하지 않는 것)하신 후에 비로소 저를 보내셨습니다. 결코 지금 제 앞에 계신 대왕처럼 그렇게 건성으로 대하지는 않으셨습니다."

상황이 이러하자 진 왕은 일단 사과를 하고 자신도 똑같이 닷새 동안 재계를 한 후에 화씨벽을 받겠다고 말했다. 그러나 인상여는 진 왕이 약속을 어길 것에 대비해 몰래 사람을 시켜 화씨벽을 조나라로 보냈다. 뒤늦게 이 사실을 알게 된 진 왕은 화가 났지만 의례에 따라 하는 수 없이 인상여를 조나라로 돌려보낼 수밖에 없었다.

이렇게 인상여는 화씨벽을 안전하게 조나라로 보냄으로써 마침내 임무를 완수할 수 있었다.

황종희黃宗羲(1611~1695)는 14세에 인화현仁和縣 박사 제자원弟子
員이 된 후에 아버지 황존소黃尊素를 따라 경성京城으로 갔다. 당시에는
동림당東林黨 당파가 황존소의 집을 본거지로 삼고 자주 모여 정치를
토론하고 학문을 연구했다.

어린 시절 황종희는 늘 아버지 뒤에 앉아 조용히 어른들의 대화
를 경청했다. 토론이 격해질 때면 어른들은 '노발충관怒髮衝冠'하기도
했고 흥분한 나머지 탁자를 치며 소리를 지르기도 했다. 얼마 후 양련
楊漣과 좌광두左光斗가 억울한 누명을 쓰게 되었고 황존소도 체포되어
경성으로 이송되어 결국 옥중에서 참혹한 죽음을 맞았다.

혈기 넘치고 의협심이 강했던 황종희였지만 당장은 아버지의
억울한 죽음을 마음 깊숙이 묻어 둘 수밖에 없었다. 그는 마음을 다잡
고 학문에 정진하면서 다른 한편으로는 시국의 변화를 주시하며 역적
을 벌하고 아버지의 억울함을 풀어 드릴 기회를 모색했다.

# 입술이 없으면
# 이가 시리다

脣亡齒寒(순망치한)

궁지기宮之奇가 말했다. "……진晋나라는 괵虢나라를 멸망시키려고 합니다. 진나라가 우虞나라를 아무리 아낀다고 해도 두 나라의 관계가 환숙桓叔과 장백莊伯 가족보다 가까울 수는 없지요. 그러나 진 왕은 환숙과 장백 가족을 모두 죽였습니다. 우나라와 괵나라의 관계는 입술과 이의 관계와도 같습니다. 입술이 없으면 이가 시린 법이죠."

---

춘추 시대, 진晋나라는 이웃의 소국인 우와 괵을 침략하려고 했다. 그런데 이 두 나라는 상당히 가까운 관계여서 우나라가 침략을 당하면 괵이 출병해 도와줄 것이며 마찬가지로 진이 괵을 침략하면 우가 도와줄 것이 뻔했다. 이런 상황에서 순식筍息이 진 헌공獻公에게 계략을 하나 올렸다. 그는 진 헌공에게 굴산屈産의 명마와 수극지벽垂棘

之璧이라는 보물 두 개를 건네면서 그것을 우공에게 선물하라고 건의했다. 헌공은 그의 계획대로 우국에 진귀한 보물을 주고서 괵나라로 가는 길을 빌렸다. 우공은 명마와 보석을 얻고 좋아서는 입이 다물어지지 않았다.

우나라 대부 궁지기가 이 이야기를 듣고 황급히 달려가 우공을 말렸다. "절대로 그래서는 안 됩니다. 우와 괵은 입술과 이처럼 가까운 사이로 서로 의존하는 관계입니다. 일이 생기면 서로 도와야 하지요. 혹시라도 괵나라가 멸망하면 우리 우나라도 위험해집니다. 입술이 없으면 이가 시리다는 말이 있지 않습니까? 입술이 없으면 이도 온전할 수 없습니다. 길을 빌려 주는 것은 절대로 안 될 일입니다."

그러나 우공은 그의 권고를 듣지 않고 끝내 진군이 괵나라를 침략할 수 있도록 길을 내주었다. 진군은 단숨에 괵나라를 차지했다. 그리고 진의 반사班師가 귀국하는 길에 괵나라에서 빼앗은 재물 가운데 상당량을 우공에게 바쳤다. 우공은 너무 기뻤다. 그때 진군 대장 이극里克이 병을 핑계로 당장 귀국하는 것이 불가능하다며 우나라 수도 부근에 군대를 주둔시켰다. 그러나 우공은 진나라를 추호도 의심하지 않았다.

그리고 며칠 후에 진 헌공이 친히 대군을 이끌고 오자 우공은 성 밖까지 나가 그를 맞이했다. 미리 약조한 대로 진 헌공과 우공이 사냥을 나가는데 얼마 지나지 않아 경성에서 거센 불길이 타오르는 모습이 보였다! 우공이 서둘러 성 앞까지 갔을 때는 이미 진군이 경성을 점령한 뒤였다. 이렇게 진나라는 손쉽게 우나라를 차지했다.

───── ❋ **지혜가 꼬리를 무는 역사 이야기** ❋ ─────

춘추 시대, 진나라 대신 지백智伯은 한韓·조趙·위魏 세 나라에 각각 영토를 40킬로미터씩 할양하라고 요구하고 그들이 바친 조세로 군대 물자를 충당했다. 한 강자康子와 위 환자桓子는 영토를 할양하고 싶지 않았지만 지백이 두려워서 하는 수 없이 할양하겠다고 먼저 밝혔다. 이중에서 조 양자襄子만이 공개적으로 이를 거절했다. 그러자 지백은 한, 위 두 나라에 사자를 파견해 서로 연합해서 조나라를 정벌하라고 했다. 또한 조나라를 멸망시킨 후에 그 영토를 삼등분하여 나누어 가지겠다고 했다. 한과 위는 지백이 두렵기도 했고 한편으론 조나라 영토가 탐나기도 해서 지백과 함께 조나라를 정벌하러 나섰다.

소식을 들은 조 양자는 시급히 진양으로 도망갔다. 그러나 삼군 연합군을 이끌고 진양으로 추격해 온 지백은 빽빽하게 성을 포위하고 물을 끌어들여서 진양성이 물에 잠기게 했다. 형세가 매우 위급했다! 그때 조 양자의 책사 장맹담張孟淡이 계략을 하나 올렸다. "한, 위 두 나라는 조나라와 아무런 원한이 없고 지백의 강압에 못 이겨 나온 것이므로 그들도 사실은 진나라에 땅을 할양하고 싶지 않을 것입니다. 비록 저들은 삼국이 연합했다고는 하지만 마음은 하나가 아닙니다. 저에게 적을 물리칠 묘책이 있으니 국왕께서는 염려하지 마십시오."

장맹담은 곧 지백의 병사로 가장하고 한과 위 병영에 침입해 이들의 이해관계를 설명했다. "우리는 '순망치한脣亡齒寒'의 이치를 잘 알고 있습니다. 지금 지백이 여러분을 이끌고 조나라를 정벌하려고 하지요? 조나라가 멸망한 다음에는 분명히 한과 위 두 나라를 치려 할 것입니다."

장맹담의 말을 들은 한 강자와 위 환자는 조 양자와 협력하여 함께 지백에게 반격하기로 하고 비밀리에 삼군이 협력할 작전 계획과 시간을 상의했다. 그리고 한과 위는 공동으로 제방을 지키던 관리를 죽이고 제방을 무너뜨려서 지백의 군대를 물에 잠기게 하고 지백을 생포했다. 그러고 나서 한·조·위 삼국은 함께 지백의 봉지를 나누어 가졌다. 이를 삼가분진三家分晉이라고 한다.

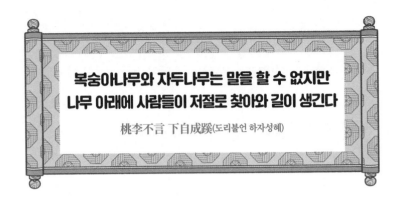

복숭아나무와 자두나무는 말을 할 수 없지만
나무 아래에 사람들이 저절로 찾아와 길이 생긴다

桃李不言 下自成蹊(도리불언 하자성혜)

내가 아는 이장군은 정직하고 너그러우며 시골 사람처럼 순박하고 말수가 적은 사람이었다. 그런 그가 죽던 날 그를 알든 모르든 세상 사람이 모두 그의 죽음을 비통해했다. 그 충직함과 성실함이 장수들의 신뢰를 얻었던 것이다. 복숭아나무와 자두나무는 말을 할 수 없지만 나무 아래에 사람들이 저절로 찾아와 길이 생긴다는 속담이 있다. 여기서는 작은 이치를 말하고 있지만 이로써 더 큰 이치를 설명할 수 있다.

---

서한西漢 시대, 용맹하고 전투에도 능한 이광李廣이라는 장군이 있었다. 그는 평생 흉노와 70여 차례나 전투를 치렀고 매번 혁혁한 전공을 세워 병사들은 물론 백성에게 크나큰 지지를 얻었다. 이광은 높은 지위에 올랐고 천군만마를 거느리며 수많은 전공을 세운 공신이었

지만 결코 교만하지 않았다. 그는 늘 상냥한 태도로 사람을 대하고 병사들과 동고동락했다. 조정에서 상을 내리면 가장 먼저 부하들을 챙겼고 전부 병사들에게 나누어 주었다. 행군과 전투를 할 때 군량이나 물이 부족해지면 자신도 일반 병사들과 마찬가지로 허기와 목마름을 견뎠다. 그리고 전장에 나가서는 솔선수범하며 병사들을 인솔해 용감하게 싸워서 그의 명령이라면 모두 용기를 내어 적과 싸우고 죽음도 불사했다.

후에 이광이 죽었다는 소식이 병영에 전해지자 전군이 비통해하며 눈물을 흘렸다. 그리고 이광을 잘 알 리 없는 일반 백성조차도 그의 죽음에 애도를 표했다. 한漢나라의 위대한 사학가 사마천은 이광을 두고 '복숭아나무와 자두나무는 말을 못하지만 사람들이 저절로 찾아와 길이 생긴다'라고 말했다.

이 말의 뜻은 복숭아와 자두는 비록 말을 못하지만 그 꽃의 진한 향기와 과실의 달콤함으로 많은 사람을 끌어당기는 힘이 있으므로 사람들이 꽃과 과실을 찾아 나무 아래로 와 저절로 길이 생긴다는 뜻이다. 이처럼 이광 장군도 그의 진실함과 고상한 인격으로 인심을 얻고 존경받았다.

───── ❈ **지혜가 꼬리를 무는 역사 이야기** ❈ ─────

곽자의와 이광필李光弼은 당나라 때의 유명한 무장이다. 두 사람

모두 낮은 계급에서 시작해 전공을 세워 나중에는 장군까지 되었다. 한 부대에서 같은 중급 장교로 있었을 때 두 사람은 늘 의견이 맞지 않았다. 그래서 같은 식탁에 앉아 밥을 먹어도 절대 서로 눈길 한 번 주지 않았고 말 한마디 나누지 않았다.

그러던 중에 안녹산의 난이 발생하자 황제는 곽자의를 삭방朔方 절도사에 봉하고 이광필을 그의 부하로 임명했다. 당시의 절도사는 지금으로 따지면 전시 사령장관 겸 행정 장관에 해당하는 상당한 권력을 지닌 직책이었다. 이광필은 곽자의가 공적인 힘으로 사적인 원한을 갚아 자신을 죽이지는 않을까 불안했다. 그러나 곽자의는 예상과는 정반대로 황제에게 이광필을 적극 추천했다. 그래서 후에 황제는 이광필을 하동河東 절도사에 임명했다. 그리고 곽자의는 자신의 부대에서 정예 병사 1만 명을 그에게 주었다. 곽자의의 이런 넓은 아량과 정치적 도량에 이광필은 그저 부끄러울 따름이었다.

곽자의와 이광필은 상당히 대조적인 유형의 장군이었다. 곽자의는 부하들을 너그럽게 잘 대해 주는 편이었고 이광필은 용맹하고 전투에 능하지만 군령에 무척 엄했다. 그래서 부하들은 이광필을 두려워하며 멀리했고 이와 반대로 곽자의에게는 탄복해 마지않았다.

'도리불언 하자성혜桃李不言 下自成蹊'라고, 병사들은 모두 곽자의의 아래에 있기를 바랐고 그가 부임한다는 소식이 전해지자 하나같이 기뻐하며 환영했다.

5장. 노한 머리칼이 관을 들어 올린다

## 지금껏
## 들어 보지도 못했다

聞所未聞(문소미문)

위타尉他가 큰 소리로 웃으며 말했다. "중국에서는 제가 입신출세하지 못하기에 이곳에서 왕이 된 것입니다. 제가 중국을 점령한다면 한漢 왕보다 못할 게 뭐 있겠습니까?" 위타는 대화를 나누면서 육생陸生(육가陸賈)이 아주 마음에 들어 그와 함께 여러 달 동안 술을 마시며 즐겼다. 위타가 말했다. "남월南越 출신 중에 나와 말이 통하는 사람은 단 한 명도 없었는데 당신이 온 뒤로 나는 날마다 전에는 들어 보지도 못한 새로운 이야기를 듣고 있습니다."

———————

초楚나라 사람인 육가陸賈는 참모 빈객의 신분으로 한 고조를 수행하며 천하를 평정했다. 고조를 수행하며 여러 제후국을 돌아다닐 당시, 만나는 사람마다 하나같이 그의 언변을 칭찬했다. 유방이 천하를 평정하고 얼마 지나지 않아 한나라 사람인 위타가 남월을 점령하고 스스로 왕이 되었다. 그러자 유방은 남월에 육가를 사자로 보냈다. 그리하여 육가가 남월왕의 인장을 하사하고자 위타를 찾아간 것이다.

당시 유행하던 송곳 모양으로 상투를 튼 위타는 거만한 태도로 육가를 맞이했다. 육가가 말했다. "지금 대한 천자께서는 백성이 다시는 전쟁의 고통을 당하지 않도록 저를 보내시어 남월의 국왕께 금인을 전하라 하셨습니다. 당신은 신하된 도리로 국경 밖으로 마중 나와야 했는데 이렇듯 오만불손한 태도라니요. 이 사실이 조정에 들어가기라도 한다면 당신 조상의 무덤을 파헤치고 당신 일족을 멸할 대역죄입니다. 게다가 대한에서 10만 병사와 말을 보내면 월나라 사람은 자진해서 당신을 죽이고 한에 투항할 것입니다." 위타는 즉각 일어나 육가에게 사죄하며 말했다. "오랑캐의 땅에 오래 있다 보니 실례를 범했습니다."

위타는 육가와 대화를 나누면서 자신의 부족함을 뼈저리게 느꼈다. 육가에게 호감이 생긴 위타는 그와 함께 여러 달 동안 술을 마시며 즐겼다.

육가는 결국 위타를 남월 왕에 봉하고 한의 신하가 되게 하여 한의 관리를 받게 하는 사명을 완수했다. 귀국한 후에 육가가 모든 상황을 보고하자 한고조 유방은 매우 기뻐하며 육가를 태중대부太中大夫에 봉했다.

한조, 서남방에 야랑夜郎이라는 소국이 있었다. 야랑은 독립 국가이긴 하지만 영토나 백성, 생산되는 물자 등이 무척 적었다. 그러나 그 주변 국가 중에서는 그나마 야랑의 규모가 가장 커서 자국을 한 번도 떠나본 적이 없는 야랑후夜郎侯는 세상에서 자신이 통치하는 국가가 제일 크다고 생각했다.

기원전 135년, 한 무제는 당몽唐蒙을 중랑장中郎將에 임명하고 합강合江 부관符關에서 야랑국으로 가게 했다. 민족의 융합과 단결을 추진할 수 있도록 야랑국이 한나라에 귀순하라고 설득하려 한 것이다. 야랑국에 도착한 당몽은 야랑후 죽다동竹多同을 보고 선물을 올리며 조정의 뜻을 전달했다. 그러나 야랑후는 한나라에 대해 '문소미문聞所未聞'이었기에 그에게 물었다. "한과 우리나라 중에 어디가 더 큰가?"

당몽은 이런 나라가 감히 한과 비교하는 것이 기가 막혀 한의 강대함을 구체적으로 설명했다. 그리고 그를 제후로, 아들은 현령으로 임명하는 조건으로 한에 귀순할 것을 권유했다. 야랑후는 이해를 따져 보더니 그렇게 하겠다고 약속하고 한에서 부를 설치하고 관리를 파견하도록 허가했다. 이로써 한나라는 촉군蜀郡과 야랑의 경계에 건위군犍爲郡을 설치, 야랑을 군현으로 개편했다. 그러자 부근의 많은 소국도 야랑을 따라 귀속 의사를 밝혔다.

# 서적을 불태우고
# 유생들을 구덩이에 묻다

焚書坑儒(분서갱유)

승상 이사李斯가 말했다. "……저는 사관이 진나라의 책을 전부 소각하는 것을 원하지 않습니다. 박사관博士官에 소장한 것을 제외하고 전국의 『시詩』, 『서書』, 제자백가의 저서는 일률적으로 지방관에 보내 소각해야 합니다. 감히 『시詩』, 『서書』를 논하는 자는 사형에 처해 백성에게 본보기로 삼을 것이며 옛것의 시비곡직을 논한다는 핑계로 현실을 비판하는 자는 전 재산을 몰수하고 참수에 처해야 합니다. 이를 알고도 보고하지 않는 관리가 있다면 같은 죄를 물어야 합니다. 명령이 내려진 후 30일 안에 책을 소각하지 않으면 얼굴에 문신을 하는 경형黥刑과 성단城旦형 사 년을 내리고 변경으로 귀양 보내 낮에는 적과 대항하고 밤에는 성을 쌓게 해야 합니다. 단 의약·점술·파종에 관련된 책은 여기에서 제외해야 합니다. 혹시 법령을 공부하고자 한다면 관리를 스승으로 삼아야 할 것입니다." 진시황은 이 조서를 보고 좋다고 했다.

---

5장. 노한 머리칼이 관을 들어 올린다

진시황 34년(기원전 213년), 함양궁의 1차 연회에서 박사 순우월 淳于越은 군현을 폐지하고 분봉 제도를 실시하자고 제안했다. 진시황 이 신하들에게 이를 논하게 하니 승상 이사가 황제의 전제 통치 지위 를 공고히 하고 이견이 나오지 않도록 백성의 입을 막고 여론을 하나 로 통일해야 한다고 말했다. 그러자 진시황은 조서를 내려 사관에 『진 기秦記』를 제외한 모든 사서를 불태우라고 명령했다. 모여서 『시詩』, 『서書』를 논하는 자가 발각되면 대중이 보는 앞에서 죽이고 옛것의 시 비곡직을 논한다는 핑계로 현실을 비판하면 구족을 멸하겠다고 했다. 또한 이런 사실을 알고도 보고하지 않는 관리에게도 같은 죄를 묻겠 다고 했다. 뿐만 아니라 만약 이 명령이 내려진 후 30일 안에 책을 태 우지 않으면 경형에 처하거나 혹은 변경으로 귀양을 보내 장성 축조 노역을 시키겠다고 했다. 그러나 의약·점술·파종에 관련된 책은 여기 에서 제외되었다. 그리고 혹시 법령을 배우려고 한다면 관리를 스승 으로 삼으라 했다.

어느 한순간 함양성 밖 여산驪山 자락에 있는 구덩이에서 책을 태우는 불길이 하늘을 향해 치솟았고 짙은 연기가 퍼져 나갔다. 이리 하여 수백, 수천 톤에 달하는 죽간과 목판이 순식간에 재로 변했고 이 불길은 수십일 동안 꺼지지 않았다.

이어서 진시황은 방사를 파견해 장생불로하는 약을 찾아오게 했다. 이때 제齊나라 사람 서복徐福과 연燕나라 사람 노생盧生, 한韓나라 의 후생侯生 등은 선학仙學을 연구한다는 명목으로 진시황이 찾으라는 선약은 찾지 않고 도망쳐 버렸다. 이 사실을 안 진시황은 크게 노했다. 그 화는 유생들에게 옮겨가 결국 어사를 파견해 방사方士(신선의 술법을 닦고 단약 등을 만드는 사람) 유생들을 전면적으로 조사하기에 이르렀다. 그러자 그들끼리 서로 고발하는 사태가 벌어졌고 그중에 법령을 위반한 유생은 460여 명에 달했다. 진 시황은 함양성 밖의 구덩이에 이들을 모조리 생매장해 본보기로 삼았다.

후대 사람들은 이 전대미문의 사건을 '분서갱유焚書坑儒'라고 불렀다. 그러나 이러한 진 시황의 폭정은 진 이세의 멸망을 앞당겼을 뿐이다. 당 말기의 시인 장갈章碣은 자신의 시에서 이 역사적 사실을 비방했다. "죽간과 비단이 연기되어 날아가니 제업도 헛되이 사라지네. 관문과 황하만이 조룡거祖龍居(진시황이 지내던 함양성 궁궐)를 막고 있네. 웅덩이의 재가 미처 다 식기도 전에 산동에 반란이 일어나네. 유방과 항우는 원래 책을 읽지 않았네."

───────── ❈ **지혜가 꼬리를 무는 역사 이야기** ❈ ─────────

남북조南北朝 시대, 양梁나라 황제 가운데 몇 명은 비록 나라를 다스리는 능력이 형편없었지만 문학을 매우 사랑하여 주변에 문사文士가 많았다. 양나라 개국 황제인 양 무제武帝 소연蕭衍의 일곱째 아들인 소역蕭繹은 부모 형제와 마찬가지로 문학을 좋아해 당시의 문단은 크게 번성했다.

5장. 노한 머리칼이 관을 들어 올린다

그러나 소역은 한편으로 의심이 많고 명성에 연연해 자신보다 조금이라도 강한 사람이 있다는 말을 들으면 반드시 상대의 명성을 훼손해야 직성이 풀리는 성격이었다. 양 무제 말년에 후경侯景의 반란이 일어나자 소역은 도와줄 생각은 하지도 않고 그저 가만히 앉아 부모 형제가 당하는 것을 구경했다. 그리고 이어서 형제 여럿을 죽이고 552년에 황위를 찬탈했다.

그러나 좋은 시절은 역시 오래가지 않았다. 이 년 동안 황제 노릇을 한 소역은 북조北朝의 서위西魏가 양의 도성인 강릉을 침략했을 때 포로로 잡혀 목숨을 잃고 말았다. 그러나 잔혹하고 우둔한 군주 소역이 죽어도 백성 중에는 슬퍼하는 사람이 없었다. 그리고 지식인들은 그가 죽기 전에 책을 태운 일焚書에 다시 분노했다. 사서에 따르면 강릉성이 침략 당했을 당시에 소역이 궁중의 장성 10만여 권을 모두 불태우고 보검으로 기둥을 치며 이렇게 한탄했다고 한다. "문과 무의 이치가 오늘밤 모두 사라지는구나."

소역을 포로로 붙잡은 서위 사람들이 그에게 책을 불태운 사건에 대해 묻자 소역은 이렇게 대답했다. "책 만 권을 읽었어도 오늘과 같은 일을 당하니 이를 태운 것이다."

# 눈만 흘겨도
# 반드시 보복한다

睚眦必報(애자필보)

범수는 과거에 자신을 도와주다가 어려움에 처한 사람에게 가산을 나누어 주며 보답했다. 자신에게 밥 한 그릇이라도 주었던 작은 은혜도 잊지 않고 일일이 보답했다. 그리고 그를 노려보았던 작은 원한도 반드시 갚았다.

---

전국 시대 때 위나라에 범수라는 중대부中大夫가 있었다. 사정상 국내에서 입지를 잃고 국경 밖으로 쫓겨난 범수는 자신이 위나라에서 축출당한 사실이 밝혀질까 두려워 이름을 장록으로 바꿨다.

진나라로 건너간 그는 진秦 소왕昭王에게 '원교근공遠交近攻' 전략을 건의했고 진 소왕은 범수의 정책이 쓸 만하다 여겨 그를 진나라 상경上卿에 봉했다.

5장. 노한 머리칼이 관을 들어 올린다

범수가 상경이 되자 과거에 그를 도와주었던 왕계王稽가 찾아와 옛 일을 거론했다. 범수는 그의 의도를 알아채고 진 왕에게 아뢰었다. "왕계가 진나라에 충성하지 않았다면 저를 함곡관으로 데려오지 않았을 것이며 대왕께서 어질지 못했더라면 제가 이렇듯 높은 지위에 오르지 못했을 것입니다. 지금 저는 관직이 재상에까지 올랐고 작위가 열후列侯에 달했으나 왕계는 아직도 한낱 사자에 불과하니 이것이 저를 데려온 진정한 의도는 아닐 것입니다."

이에 진 소왕은 왕계를 하동河東 군수에 임명하고 삼 년 동안 조정에 군내의 정치·경제 상황 보고하는 것을 면해 주었다. 또 범수는 진 소왕에게 전에 자신을 도와준 적이 있는 정안평鄭安平을 추천했고 소왕은 그를 장군에 임명했다.

그 뒤에도 범수는 계속해서 은혜를 갚았다. 전에 자신에게 작은 은혜라도 베푼 사람이 있다면 밥 한 그릇이라도 반드시 크게 사례했다. 그러나 그에게 원한이 있었던 사람은 눈 한 번 흘겼을 뿐일지라도 그 정도에 따라 모두 복수했다.

───────── ※ **지혜가 꼬리를 무는 역사 이야기** ※ ─────────

불과 15세에 즉위한 어린 명明 무종武宗은 오로지 노는 데만 정신이 팔려 있었다. 그러자 태감太監 유근劉瑾과 마영성馬永成, 장영張永 등이 도당을 만들어 횡포를 부리고 조정을 마음대로 쥐고 흔들었다.

그래서 조정 안팎에서는 이미 유근에 대해 의견이 분분했다. 고명대신顧命大臣이자 내각대학사內閣大學士인 유건劉健과 사천謝遷 등은 황제에게 상소를 올려 국가 기강을 바로 잡으려면 팔호八虎(8인의 환관)를 제거해야 한다고 진언했다. 이어서 호부상서 한문韓文 등도 팔호의 악행을 탄핵하고 처벌해야 한다고 주장했다.

상주문을 작성한 한문은 절차에 따라 이부상서 초방焦芳의 서명을 받기 위해 그리로 상주문을 보냈다. 그러나 초방은 유건, 사천, 한문 등과 줄곧 사이가 좋지 않았다. 전에 초방이 간절하게 한림원에 들어가기를 바랄 때 유건이 강력히 반대해 무산된 적이 있었던 것이다. 홍치弘治 16년(1503년)에 이부서랑이 된 초방은 진급해 더 많은 돈을 벌 요량으로 황제에게 상소를 하나 올렸다. 그런데 이를 본 유건이 상소문에 쓰인 내용은 모두 현실과 동떨어진 공염불에 불과하다며 전부 부정해 버렸다. 이에 초방은 유건에게 원한이 한층 더 깊어졌다.

초방은 '애자필보睚眦必報'하는 사람이었다. 그는 이번 기회에 유근의 힘을 빌려 자신의 사적인 보복을 해야겠다고 생각했다. 그래서 곧장 유근 등에게 달려가 이 상주문의 내용을 밀고했다. 이 덕분에 유근 일당은 한문 등보다 한발 앞서 무종 앞에 나아가 무릎 꿇고 머리를 조아리며 통곡했고 결국 무종은 마음을 돌려 이미 내린 명령을 거두어들였다. 유근 등은 이 기회를 놓치지 않고 자신들을 탄핵했던 한문, 왕악王岳 등을 모함했다.

5장. 노한 머리칼이 관을 들어 올린다

소하蕭何가 말했다. "저런 장수들은 쉽게 얻을 수 있지만 한신과 같은 걸출한 인물은 천하에 단 한 명뿐입니다. 대왕께서 한중의 왕 정도로 만족하신다면 한신을 기용할 필요가 없겠지만 천하를 얻으시려면 한신 말고는 다른 인물이 없습니다. 이제 결정은 대왕께 달렸습니다."

---

유방은 한 무왕이 되어 한중에 입성했다. 그런데 몇 개월이 지나자 동부 지역 출신 병사와 장수들이 하나둘씩 탈영하기 시작했다. 유방이 이 문제로 고민하고 있는데 어느 날 승상 소하가 보이지 않는다는 보고가 들어왔다. 이에 유방이 깜짝 놀라 말했다. "소하마저도 도망갔단 말인가? 아니면 대체 무슨 일인가?"

사정은 이랬다. 한신은 유방이 자신을 신임하지 않아 낮은 관직을 준 것이라 생각하고 간밤에 도망갔다. 그래서 소하는 한신이 도망 쳤다는 보고에 미처 유방에게 보고할 틈도 없이 급히 말을 달려 한신 을 추격했던 것이다. 쉬지 않고 종일 말을 달린 소하는 겨우 한신을 따 라잡았다.

소하가 도주한 이유를 묻자 한신은 이렇게 대답했다. "한 왕이 나를 믿지 못해 중용하지 않으니 여기에 남아 있은들 무슨 소용이 있 겠습니까? 차라리 다른 사람에게 의탁하는 것이 낫습니다." 소하가 말했다. "일단 멈추시고 저와 함께 돌아가시죠. 만약 이번에도 한 왕 이 장군을 대장으로 봉하지 않는다면 그때 떠나도 늦지 않습니다." 소 하가 재차 간청하자 한신은 마지못해 함께 돌아왔다.

한중에 돌아온 후에 소하는 즉각 유방을 알현했다. 그러자 유방 은 소하를 보자마자 꾸짖었다. "요 며칠 동안에 어디를 갔던 것이오!" 소하는 누구를 좀 만류하러 갔었다고 말했다. 유방이 누구냐고 추궁 하자 소하는 한신이라고 대답했다. 이 말을 들은 유방은 바로 그를 혼 냈다. "많은 문신과 무신이 도망을 가도 절대 붙잡으러 가질 않더니 어찌 무명의 장수 한 명을 좇아간 것이오? 이는 나를 기만하는 행위가 아니고 무엇이란 말이오!"

그러나 소하는 한신이 문무를 겸비한 인재라 칭찬하며 이번 일 과 한신이 도주한 이유를 유방에게 말했다. "한신과 같은 인재는 고관 에 임명하여 성대한 의례를 해 주어야 하고 길일을 택해 배장대拜將台 를 짓고 대장에 임명해야 합니다." 유방은 결국 소하의 건의를 수용해

5장. 노한 머리칼이 관을 들어 올린다

성대한 의례를 치르며 한신을 대장에 임명했다.

## 지혜가 꼬리를 무는 역사 이야기

삼국 시대에 도겸陶謙은 양주揚州 단양군丹陽郡의 하급 관리 집안에서 태어났다. 그의 아버지는 평생 현장縣長 직위까지밖에 오르지 못했다. 어린 시절 아버지를 여읜 도겸은 줄곧 눈에 띄지 않는 평범한 인물이었다.

그러던 어느 날 도겸은 감공甘公이라는 사람을 만났다. 도겸과 반나절을 대화한 후에 감공은 기뻐하며 그에게 자신의 여식을 시집보냈다. 집에 돌아온 후에 감공은 그의 처사에 화를 내는 감부 사람들에게 이렇게 말했다. "지금은 그가 변변치 못하다 생각하겠지만 내가 보기에 그는 '국사무쌍國士無雙'의 인재다."

그 후에 도겸은 태도를 고치고 학문에 정진해 효렴孝廉으로 천거되었고 중앙 정부에서 낭郞으로 일했다. 그리고 지방으로 발령을 받아 서현舒縣(지금의 안후이安徽 수청舒城) 현령에 임명되었다. 이 정도면 당시 정규 단계를 밟았다고 할 수 있다. 그리고 이어서 차기장군 장온張溫의 사마가 되어 그를 따라 양주涼州에서 반란을 일으킨 변장邊章, 한수韓遂를 진압하며 큰 공을 세웠다. 영제靈帝 중평中平 원년에 황건적이 반란을 일으키자 도겸은 서주徐州 자사에 임명되었다.

도겸이 취임하자마자 바로 황건적 진압에 나서서 서주徐州에 있던 황건군을 몰아내자 국경 지역은 다시 안정을 되찾았다. 동탁이 피살된 후에 도겸은 당시 양주 자사인 주간周干과 연합했다. 그러고는 다섯 개 나라의 국상, 도 태수 두 명, 전임 태수 한 명 등과 공동으로 발의한 서한을 주휴朱携에게 보내 그를 태사에 추대했다. 또 충분한 병사와 반년 치 군량도 제공해줄 것을 약속하고 그에게 장안에 가서 이각李架과 곽사郭檜를 치라고 했다.

후에 도겸은 조정과 서신 왕래를 회복하고 조정이 자신을 서주 태수로 임명한 조서를 받아들였다.

인생의
무기가
되는
사기

힘은
산을 뽑고
기개는
세상을 덮는다

간과 뇌가
흙과 뒤범벅이 되다

肝腦塗地(간뇌도지)

누경婁敬이 또 말했다. "한 왕과 항우가 형양滎陽에서 대전을 치르고 성고成皋로 가는 통로를 쟁탈하는 데 큰 전투를 70번, 작은 전투는 40번을 치렀습니다. 피비린내가 천하를 뒤덮고 참전한 부자가 모두 전사하고 황야에 버려진 시체의 수가 셀 수 없을 정도였습니다. 백성들의 울음소리가 끊이지 않고 부상자는 아직 상처가 회복되지 않았습니다. 이런 상황에서 폐하께서는 성강成康 시대의 주나라에 비견할 만하다고 하지만 저의 개인적인 견해로는 그에 미치지 못한다고 생각합니다. 다시 말해 진나라는 여러 산과 강으로 둘러싸여 있고 사방에 장애물이 있어서 방어하기 쉽고 갑자기 긴급 상황이 발생하면 백만 백성이 순식간에 소집될 것입니다."

─────────────

한 고조 5년, 누경이라는 사람이 유방을 만나러 왔다. 그는 유방을 보자마자 단도직입적으로 말했다. "낙양에 나라를 세우고 싶으십니까? 주나라와 비견할 만한 국가를 만들고 싶으십니까?" 유방은 고개를 끄덕이며 말했다. "바로 그렇소."

누경이 솔직하게 말했다. "폐하께서는 틀리셨습니다. 어떻게 주 대와 비교를 하시려고 합니까? 주대는 덕치로 천하를 다스렸습니다. 그러나 폐하께서는 풍패豊沛(패군沛郡 풍현豊縣, 유방의 출생지)에서 병사를 일으켜 큰 전투를 70번, 작은 전투는 40번 치르면서 천하 백성의 피가 강산에 퍼지고 시체가 길가에 널려 있으며 사망자가 부지기수였습니다. 백성의 울음소리가 아직도 계속되고 있고 부상자의 상처도 아직 치유되지 않았습니다. 그런데도 주나라와 비교를 하시렵니까?" 낙양에 나라를 세우는 것은 옳지 않습니다. 차라리 진의 영토인 장안長安에 세우십시오. 장안은 산과 강으로 둘러싸여 방어에 유리하고 백성들의 마음을 얻기가 쉽습니다. 가히 하늘이 내린 땅이라 할 수 있습니다."

유방은 누경의 말을 듣고 마음속으로 쾌재를 부르며 이치에 맞는다고 생각했다.

---
#### ❖ 지혜가 꼬리를 무는 역사 이야기 ❖
---

당초, 이정李靖과 함께 거론되던 이세적李世勣이라는 명장이 있었다. 이세적의 본명은 서세적徐世勣이다. 수隋나라 말기에 평민 봉기가 일어나던 때 17세였던 그는 적양翟讓을 따라 와강군瓦崗軍에 참여했

다. 그리고 와강군이 실패한 후에는 당나라에 귀순했다. 이에 당 고조 高祖는 서세적을 순신純臣(마음이 곧고 진실한 신하)이라고 칭하고 이씨 성을 하사했다. 그리고 태종李世民(이세민) 때는 황제의 이름과 같은 자를 피하고자 '세世'를 빼고 이적으로 다시 개명했다. 이적은 정관貞觀 연간에 동 돌궐과 설연타薛延陀, 고구려 정벌에 참여했다.

정관 23년(649년) 4월, 태종이 말년에 태자 이치李治(후에 고종에 즉위)를 불러 사후의 일을 당부하면서 말했다. "이적은 재능과 지혜가 뛰어난 인물이다. 네가 그에게 은덕을 베풀지 않는다면 그 역시 너에게 충성을 다하지 않을 것이다. 내가 지금 그의 관직을 낮출 것이니 그가 주저하는 모습을 보이면 바로 죽여라. 그러나 내 명을 고분고분 받아들인다면 내가 죽은 후에 그를 재상에 임명하고 가까이 두며 신임하도록 해라. 그러면 '간뇌도지肝腦塗地'하더라도 반드시 네게 보답할 것이다."

태종이 이적을 질주迭州 도독으로 임명하자 그는 뒤도 돌아보지 않고 곧장 질주로 갔다. 후에 고종 이치는 즉위하자마자 이적을 불러들여 상서성 좌복사左僕射에 임명했다. 이적은 고종에게 충성을 다하고 중앙집권을 강화하는 데 지대한 공헌을 했다.

# 춥지 않아도
# 덜덜 떨린다

不寒而慄(불한이율)

그 후, 군의 백성은 벌벌 떨었다. 교활한 백성까지 관리를 보좌하며 정사에 간여했다.

---

서한西漢 무제武帝 시절, 의종義縱의 누나 의순義姁은 황태후의 병을 고친 일로 총애를 받았고 덕분에 의종도 벼슬을 얻었다. 의종은 상당군上黨郡의 한 현에 현령으로 취임했고 후에는 장안長安 현령으로 승진했다. 그는 사적인 사정을 절대 봐주지 않고 모든 일을 법에 따라 엄격히 집행해서 당시 치안을 크게 개선했다.

의종이 남양 태수가 되었을 때 관세를 관리하는 도위 중에 영성寧成이라는 사람이 있었다. 그는 상당한 세력가여서 관문을 출입하는 관리들도 감히 그의 비위를 건드리지 못했다. 이러한 영성은 의종이 남양南陽 태수로 온다는 소식을 듣고 불안해졌다. 그래서 그는 의종이 취임하던 날 당일에 온 가족을 데리고 길에 나와 공손히 의종을 맞이했다.

그러나 의종은 이미 영성의 의도를 충분히 눈치 챈 터라 그냥 모르는 척하고 지나갔다. 그러고는 취임하자마자 사람을 보내 영성의 가문을 조사하고 죄가 있으면 모조리 죽이라 명했다. 결국 영성은 형을 받았다.

후에 한 무제는 의종을 정양定襄(지금의 네이멍구內蒙古) 태수로 보냈다. 당시 이 지역의 치안 상태는 매우 심각했다. 의종은 그곳에 도착한 후 중죄를 지고도 가벼운 처벌을 받고서 감옥에 갇혀 있던 죄인들을 다시 판결했다. 그리고 이와 동시에 제멋대로 감옥을 드나들며 가족을 면회해 온 가족들 200여 명을 체포하고 탈옥 방조죄로 함께 사형에 처했다. 그날 처형된 사람만 해도 무려 400명에 달했다고 한다. 이지역 백성은 그 소식을 듣고 벌벌 떨었다.

## ❖ 지혜가 꼬리를 무는 역사 이야기 ❖

송나라 때, 장돈章惇과 소식蘇軾이 밖에서 놀다가 깊은 협곡 앞까지 갔다. 협곡 아래로는 깎아지른 듯한 가파른 암벽이 있고 그 사이에 나무가 하나 걸쳐 있었다. 장돈은 소식에게 여기에 온 기념으로 암벽 위에 몇 글자 적어 넣자고 제안했다. 그 말에 소식이 절벽 아래를 보았는데 협곡이 끝이 보이지 않을 정도로 깊어 가만히 보고만 있어도 덜 덜 떨렸다不寒而慄. 그래서 고개를 저으며 못하겠다고 말했다. 반면에 장돈은 아무렇지도 않은 듯 밧줄을 타고 내려가 암벽에 글씨를 썼다. "소식과 장돈이 다녀가다."

그는 올라온 후에도 얼굴색 하나 변하지 않았다. 소식은 그의 어깨를 토닥거리며 말했다. "자네는 후에 사람도 죽일 수 있을 거네." 장돈이 그 이유를 묻자 소식이 대답했다. "자신의 운명을 결정할 수 있는 사람은 사람도 죽일 수 있지." 이 말을 들은 장돈은 크게 웃었다.

희녕熙寧 초, 장돈은 왕안석王安石의 눈에 들어 요직을 맡았다. 장돈이 권력을 손에 넣은 후에 폄류貶流(벼슬의 등급을 낮추고 귀양을 보내던 일) 된 대신들은 이름에 따라 폄류지가 결정되는 황당한 일이 있었다. 예컨대, 소식이 담주儋州로 쫓겨난 것은, 소식의 자가 자첨子瞻이니 담儋자와 첨瞻자가 비슷하다는 이유였다.

유안세劉安世가 귀양 갈 당시에 운수를 보았는데 다행히 운이 좋은 사람이라고 나왔다. 마침 소주昭州에 있던 장돈은 이에 대한 판결을 내렸다. "유안세가 운이 좋다고? 그래 어디 운이 정말 좋은지 소주에 가서 한 번 시험해 보라지." 장돈은 이렇듯 사람의 생사를 애들 장난 정도로 여겼다. 불행히도 소식의 말이 적중했던 것이다.

# 허물을 고쳐
# 스스로 새로워지다

改過自新(개과자신)

순우공淳于公의 어린 딸 제영緹縈이 상심해 울음을 터뜨렸다. 아버지를 따라 장안으로 온 그녀는 조정에 글을 올렸다. "저의 아버지는 관리로서 제나라 사람은 모두 아버지를 청렴결백하다고 칭찬합니다. 그런데 지금은 법률을 위반하였으니 마땅히 벌을 받아야 합니다. 다만 제가 슬퍼하는 이유는 사형을 받은 사람을 다시 살릴 수 없고, 육형肉刑을 당한 자는 잘려나간 부위를 다시 붙일 수 없으며, 아무리 잘못을 반성하고 고치고 싶어도 기회가 주어지지 않는다는 것입니다. 그래서 제가 관의 노비가 되어 부친의 죄를 갚고 그럼으로써 제 아비가 스스로 잘못을 고칠 수 있게 하도록 허락해주시기 바랍니다."

---

한漢 무제武帝 13년(기원전 167년), 한 세도가가 의술로 사람을 기

만하고 생명을 경시했다는 이유로 순우공을 고발했다. 지방 관리는 이를 유죄로 판결하고 순우공에게 육형(당시 육형은 얼굴에 글자를 새기거나 코를 잘라 내거나 왼발 혹은 오른발을 절단하는 것이었다)을 선고했다. 서한 초기의 법령에 따르면 관리가 육형을 선고받으면 도성 장안으로 가서 형을 받아야 했다. 그래서 순우공은 장안으로 압송되었다.

황제의 명령은 이미 하달되어 사람이 와서 순우공을 장안으로 압송했다. 순우공은 아들 없이 딸만 다섯이었다. 순우공은 잡혀갈 당시 딸들에게 한탄하며 말했다. "딸만 낳고 아들을 낳지 못한 채 이런 위기에 몰리니 역시 쓸모 있는 녀석이 하나도 없구나." 아버지의 한탄을 듣고 겨우 15세인 어린 딸 제영이 아버지와 함께 장안을 향해 길을 나섰고 그녀는 가는 내내 아버지의 생활 전반을 돌봤다.

임치臨淄는 장안에서 무려 800여 킬로미터나 떨어져 있어서 부녀는 가는 도중에 바람을 맞으며 노숙하는 등 온갖 고생을 다했다. 천신만고 끝에 장안에 도착한 순우공은 곧바로 감옥으로 압송되었다. 그러자 제영은 아버지를 구하고자 용기를 내서 문제에게 글을 올렸다. 아버지에게 과오를 시정할 수 있는 기회를 달라고 황제에게 사정하는 내용이었다. 그러면서 그녀는 아버지의 죄를 속죄하는 의미에서 자신이 노비가 되겠다고 했다. 제영의 효심에 감동한 문제는 그의 부친을 풀어주고 육형을 면해 주었다.

진晉나라 때, 광릉廣陵에 대연戴淵이라는 사람이 있었다. 그는 젊은 시절에 일은 하지 않고 빈둥거리며 날마다 사고만 치고 돌아다녔다. 심지어 가끔은 사람을 끌어들여 장강長江과 회수淮水를 왕래하는 상인들을 방해하고 재물을 강탈하기도 했다.

한번은 휴가를 마친 평원내사平原內史 육기陸機가 배에 짐을 잔뜩 싣고 낙양으로 돌아가고 있었다. 이 정보를 입수한 대연은 곧 사람을 모아서 이를 약탈하러 갔다. 대연은 강가에 의자를 놓고 앉아 전혀 당황하지 않고 태연하게 사람들을 지휘했다. 약탈하고 있는 그의 모습에서는 남다른 기풍이 풍겼다.

이를 본 육기는 약탈을 당하고서도 빼앗긴 물건은 전혀 아깝다 생각하지 않았지만 대연을 데리고 가지 못하는 점은 매우 안타까웠다. 그래서 그는 뱃머리에 올라서서 강가에 있는 대연에게 소리쳤다. "여봐라, 거기 대나무 의자에 앉아 지휘하는 놈아! 그런 재능이 있으면서 왜 나라를 위해 쓸 생각은 하지 않고 이런 곳에서 약탈이나 하고 있느냐?"

이 말을 들은 대연은 갑자기 머리를 한 대 세게 얻어맞기라도 한 듯이 놀라 쥐고 있던 검을 바닥에 떨어뜨렸다. 그러고는 바닥에 무릎을 꿇고 울면서 육기에게 사죄했다.

육기는 계속 그를 타일렀고 대연은 마침내 '개과자신改過自新'하기로 결심했다. 육기는 대연과 알고 지내면서 차츰 그가 문무를 겸비한 인물이라는 것을 알아채고 그를 중용했다. 그리고 여러 차례 서신을 보내 그를 추천했다. 나중에 대연은 정서征西장군에까지 올랐다.

정말 그 책을 완성한다면 명산에 숨겼다가 뜻이 맞는 사람이 나타나면 그에게 주어 세상에 널리 알림으로써 이전에 받았던 수모와 모욕을 보상받을 수 있을 것이다. 더 심한 형벌을 받았다고 하더라도 후회하지 않을 것이다. 그러나 이는 총명한 사람에게 해당되는 것이지 일반 사람에게는 적용되지 않는다.

---

사마천은 태초太初 원년(기원전 104년)부터 『사기』를 쓰기 시작했다. 집필을 시작하고 육 년이 되던 해인 천한天漢 2년(기원전 99년), 이릉李陵이 준계산浚稽山(지금의 키르기스스탄공화국 국경)에서 흉노와 전투를 하다가 결국 패한 후 흉노에 투항했다.

사마천은 무제 앞에서 이릉이 절대 흉노에 항복할 사람이 아니라는 생각을 말했다가 감옥에 갇히고 말았다. 그리고 곧 사마천이 황제를 기만한 죄를 지었다는 재판 결과가 나왔고 이는 사형 감이었다. 그 무렵 그는 막 집필을 시작했다.

한漢 무제 때에는 죽을죄를 지었다 하더라도 두 가지의 경우에는 사면이 되었다. 돈을 내고 속죄하거나 궁형을 받는 것이었다. 형편이 넉넉지 못해 돈을 낼 수 없었던 사마천은 궁형을 받거나 죽거나 하는 이 두 가지 선택밖에 없었다. 죽을 것인가 아니면 궁형을 받을 것인가? 그는 어떻게든 저술 작업을 마치고자 궁형의 치욕을 선택했다.

『사기』가 완성된 후 사마천은 이를 명산에 숨겨두고 부본은 도읍에 두며 후세에 성인군자가 나타나기를 기다렸다. 그래서 이는 사마천의 외손자 양운楊惲이 세상에 알렸다. 유실된 부분은 후에 저소손褚小孫 등이 보충했다.

─────── ⊱⊰ 지혜가 꼬리를 무는 역사 이야기 ⊱⊰ ───────

북송北宋 치평治平 원년, 사마광司馬光은 『역년도歷年圖』를 저술해 영종英宗에게 올렸고 영종은 이를 높이 평가했다. 그리고 치평 3년에 사마광은 『사기』에 근거해 『통지通志』여덟 편을 편찬하고 영종에게 이를 바쳤다. 영종은 이번에도 역시 긍정적으로 평가했고 사마광이 계속해서 『통지』를 쓰도록 격려했다. 그리고 책이 완성된 후에는 새로운 이름을 하사했다.

이에 크게 사기가 오른 사마광은 당시 유명한 역사학자를 모두 소집해 책의 목적과 요지, 편집에 대해 토론했다. 작업은 유반劉班이 전한과 후한 부분을, 유소劉恕가 위진남북조 부분을, 범조우范祖禹가 수당 5대 부분을 맡는 식으로 분업했다. 그리고 사마광이 마지막으로 이를 한 데에 모았고 그의 아들인 사마강司馬康이 전본을 검토했다.

그 후로 19년이라는 긴 시간 동안 사마광은 온통 『통지』 편찬에만 정신을 쏟았다. 새로 즉위한 신종神宗은 다른 역사서보다 『통지』가 더욱 읽기 좋고 본보기로 삼을 만하다고 생각해 사마광을 불러 크게 칭찬했다. 그리고 『자치통감』이라는 이름을 하사하면서 "지난 일을 본보기 삼아 나라를 다스리는데 자본으로 삼는다"고 말하고 이 책의 서문을 썼다.

『자치통감』은 처음부터 '장지명산, 전지후인藏之名山, 傳之後人'의 목적으로 쓰인 책이 아니라 통치자에게 정치 경험을 제공할 목적으로 쓰인 책이므로 민간 학자들의 창작 작품과는 크게 달랐다.

같은 해 8월, 유방은 한신의 계략을 써 고도故道에서 옹왕雍王 장한章邯

을 습격했다. 장한은 진창陳倉에서 한나라 군대를 맞아 싸우고 패배하

고 말았다.

---

　　홍문연鴻門宴 후에 항우는 함양咸陽으로 가서 진秦의 왕자 영叛과

진의 관리들을 죽이고 아방궁阿房宮을 불태웠다. 그 불은 몇 개월 동안

이나 꺼지지 않았다. 항우는 강력한 군사력을 바탕으로 유방을 관중關

中에서 몰아내고 그에게 한중왕漢中王이라는 봉호를 내려 그를 파촉巴

蜀 한중으로 몰아냈다. 그러고는 전투에서 공을 세운 장군들과 과거 6

국의 귀족을 왕에 봉하고 진의 영토를 삼등분하여 옹왕 장한·색왕塞

王 사마흔司馬欣(장한에게 투항을 권했던 장사흔長史欣)·적왕翟王 동예董返가 나

누어 통치하게 했다. 그 후 자신은 함곡관을 나와 관동으로 갔다.

변방 지형이 험준한 한중은 주요 통로가 나무로 만든 잔도棧道 뿐이었다. 유방은 천하를 가지려는 야심이 없다는 것을 증명하고자 한중에 들어가면서 일단 잔도를 건너면 바로 불을 질러 다리를 못 쓰게 만들었다.

몇 년이 흐르자 한군은 더욱 힘이 강해졌고 유방은 드디어 군사를 이끌고 관중으로 출격했다. 이때 유방은 병사 수백 명에게 훼손된 잔도를 수리하게 했다. 그런데 관중 서부를 지키던 장한은 이 소식을 듣고도 방어를 강화하지 않았다.

얼마 지나지 않아 유방의 대군이 관중으로 쳐들어왔다. 순식간에 진창陳倉(지금의 산시陝西 바오지시寶鷄市 동쪽)이 점령당하고 성을 지키던 장군이 피살당했다. 처음엔 뜬소문일 거라며 믿지 않았던 장한은 곧 사실임이 밝혀지자 그제야 황급히 방어에 나섰다. 그렇지만 때는 이미 늦었다. 장한은 자결을 강요받았고 관중 동부에 주둔했던 사마흔과 북부의 동예는 모두 투항했다. 삼진三秦이라 불리던 관중 지역은 이렇게 유방의 손에 들어갔다.

───── ❈ **지혜가 꼬리를 무는 역사 이야기** ❈ ─────

위魏 경원景元 4년(263년) 9월, 위나라 군대는 세 갈래로 나누어 촉을 공격했다.

진서鎭西 장군 종회鍾會는 주력부대를 인솔하고 한중을 공격한 후에 이어서 바로 양평관陽平關으로 밀고 내려가 난관이었던 검각劍閣을 단숨에 손에 넣으며 촉의 수도인 성도를 위협했다. 그러나 촉蜀나라 장군 강유姜維가 주력부대를 이끌고 와서 험한 지대에 의지해 저항하자 종회도 검각에서 더는 앞으로 나아가지 못했다.

　　그러나 정서장군 등애鄧艾가 이끌던 또 다른 위나라 군대는 '명수잔도 암도진창明修棧道 暗渡陳倉'의 전략을 폈다. 그는 촉군이 미처 방어 준비를 하지 못한 노선을 선택해 공격했다. 아무런 방해 세력이 없는 길로 280킬로미터나 우회하며 온갖 어려움을 다 이겨내고 마침내 촉군의 주력부대를 따돌리며 강유성江油城에 입성했다. 이 성을 지키던 촉의 장수 마막馬邈은 한번 싸워보지도 않고 순순히 위군에 성을 내주었다.

　　촉의 위장군衛將軍 제갈첨諸葛瞻이 그 소식을 듣고 부성涪城에서 면죽綿竹으로 철수했지만 촉군은 결국 대패하고 말았다. 제갈첨과 상서 장준張遵 등은 참수형을 당했고 등애는 승세를 몰아 성도성成都城 북쪽의 낙현雒縣까지 진격해 들어갔다. 위나라 군대가 성도 근처까지 온 상황에서 촉의 후주 유선은 강압에 못 이기고 등애에게 사자를 보내 항복했다. 그리하여 위군은 마침내 촉을 멸망시켰다.

## 가장 핵심적인 요점을
## 파악하지 못하다

不得要領(부득요령)

장건張騫은 월씨月氏를 출발해 대하大夏에 도착할 때까지 결국은 월씨의 명확한 대답을 듣지 못했다.

---

한 무제는 월씨의 힘을 빌려 흉노를 멸망시킬 생각에 월씨와 우호 관계를 맺으려 했다. 그런데 막상 월씨에 가려니 반드시 흉노 땅을 지나야 했다. 그래서 낭관郞官에 부임한 지 얼마 되지 않은 장건이 자원하자 그를 외교사절로 보냈다. 그러나 장건은 불행히도 흉노 땅을 지나다가 그만 흉노에 억류되고 말았다. 흉노 사람이 그에게 말했다. "월씨는 흉노의 서북쪽에 있소. 당신들 한족이 어떻게 거기로 간다는 거요? 입장을 바꿔서 우리가 월나라에 사자를 보낸다면 당신들은 우릴 지나가게 해주겠소?"

이렇게 장건은 흉노에 억류되어 10여 년을 보냈다. 그러다가 장건과 그를 수행했던 부하들은 기회를 봐서 함께 도망쳤고 온갖 역경을 다 겪으며 마침내 월씨에 도착했다. 당시에 월씨는 흉노의 공격을 받아 국왕이 피살된 후 국민들이 태자를 왕으로 추대하고 대하국大夏國을 점령해 그 곳에 뿌리를 내린 상태였다.

그곳은 토지가 비옥하고 자원은 풍부했으며 외부의 침략도 없었다. 그래서 그들은 오직 평화만을 바랄 뿐이었다. 또한 한나라와 상당히 거리를 두었고 흉노에게 보복하겠다는 생각도 없었다. 그래서 장건은 월씨에서 대하까지 가는 동안 한나라와 연합해 흉노를 공격하겠다는 월씨의 명확한 대답을 듣지 못했다.

그는 그곳에 일 년여를 거주하다가 다시 조국 한나라로 돌아갔다.

─────── ❈ **지혜가 꼬리를 무는 역사 이야기** ❈ ───────

명나라 때 주지병周之屛이 남월南福에서 관리로 재임하던 시절, 재상 장거정張居正의 '일조편법一條鞭法(현물세와 부역 등 복잡한 징수 체계를 간편하게 은으로 징수하는 것)'이 시행되어 토지 조사와 경지 측량이 전국적으로 이루어졌다. 그런데 당시 관리들은 조정이 너무 무관심해서 측량할 수 없다고 생각했다. 북방에서 황제를 알현하려고 온 소수민족 지역의 각급 관리들 역시 조정에 같은 의견을 내놓았다. 그러자 장거정이 화가 나서 큰소리로 말했다. "각자 재량껏 측량하도록 해라."

이에 주지병周之屛은 인사를 하고 물러갔다. 그러나 다른 사람들은 모두 요점이 무엇인지 모르겠다며 명확한 지시가 내리기 전에는 떠나지 않겠다고 버텼다. 장거정은 어이가 없다는 듯 피식 웃으며 말했다. "방금 나간 사람은 내 의도를 이해한 사람이다."

그러자 모두 밖으로 나와 주지병에게 장거정의 의도를 물었다. 주지병이 대답했다. "재상께서는 토지 측량을 통해 법률을 통일해서 천하를 다스리시려는 것입니다. 재상께서는 전체를 염두에 두신 것이지요. 그런데 어떤 밭은 측량이 불가능하니 어떻게 처리하라는 식으로 일일이 일러주어야 한단 말입니까? 하관으로서 우리는 현지 실정에 근거해 융통성 있게 일을 처리하면 되죠." 그제야 모두 장거정의 의도를 알았다.

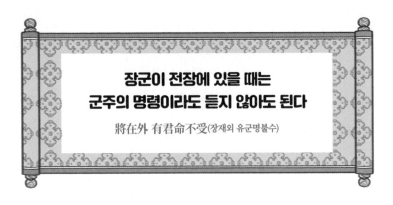

## 장군이 전장에 있을 때는
## 군주의 명령이라도 듣지 않아도 된다

將在外 有君命不受(장재외 유군명불수)

공자公子가 길을 떠나려고 하는데 후생侯生이 말했다. "밖에서 전투를 하는 장수는 임의로 처단할 수 있는 권리가 있습니다. 국가의 이익에 부합한다면 국왕의 명령이라도 거역할 수 있지요. 공자께서 그곳에 도착해 병부 두 개가 일치하고 전혀 착오가 없다 하더라도 만약 진비晉鄙가 공자께 병권을 넘기지 않고 의심하며 위 왕에게 다시 물으면 사태는 위태로워집니다. 제 친구인 백정 주해朱亥가 공자와 동행할 것입니다. 그는 힘이 아주 장사입니다. 진비가 말을 듣는다면 바랄 것이 없겠지만 거역한다면 주해가 그를 죽일 것입니다."

---

기원전 259년에 진秦군이 조趙나라의 수도 한단을 포위했다. 그러자 위魏와 초楚는 조나라를 구할 계획을 세웠다. 위 왕은 진비에게

6장. 힘은 산을 뽑고 기개는 세상을 덮는다

10만 대군을 주어 조나라를 지원하라고 보냈다. 그러나 진비는 진군이 두려워 더 전진하지 않고 탕양湯陽에 주둔했다.

이때 위나라 신릉군信陵君의 식객 후생이 신릉군에게 계책을 하나 제안했다. 위 왕의 총애를 받는 왕비 여희如姬에게 병부를 훔치게 해서 병권을 손에 넣은 후 조나라를 구한다는 것이었다. 위험이 따랐지만 신릉군은 그의 계획대로 여희에게 부탁했다. 그리고 여희가 진비의 병부를 훔쳐다 주자 신릉군은 후생의 계획에 따라 도살장에 은거하며 살던 주해를 데리고 떠났다.

군영에 도착한 신릉군은 거짓으로 위 왕의 명령을 전하고 자신이 진비를 대신한다고 말했다. 진비는 병부를 대조해보고도 여전히 의심이 가시지 않는다는 듯 고개를 들어 신릉군을 보고 말했다. "저는 지금 10만 대군의 병권을 쥐고 변경에 주둔해 있습니다. 이것은 국가가 내린 중대한 임무입니다. 그런데 지금 홀로 달려오셔서는 저를 대신하시겠다고 하시니 이게 어찌된 영문입니까?"

진비는 거역할 생각을 하고 있었다. 그러자 주해는 즉각 옷소매에 숨겨두었던 무게가 40근이나 되는 망치로 진비를 내려쳐 죽였다. 신릉군은 진비의 군대를 장악했고 정예군 8만 명을 선발해 진군을 공격했다. 마침내 진군은 위군의 포위를 뚫고 도망가 버렸고 신릉군은 한단을 구하고 조나라를 지켰다.

건안 16년(211년), 마초馬超는 반역을 꾀했다는 이유로 양주 자사 위강韋康을 죽였다. 그러자 위강의 옛 부하 조구趙衢와 윤봉尹奉, 강서姜敍 등이 마초를 치려고 병사를 일으켰고 마초는 한중漢中으로 도망쳤다. 그러나 수적으로 열세인 강서 등의 병사는 성급하게 추격하지 않고 하후연夏侯淵에게 사람을 보내 도움을 요청했다.

하후연과 부하 장군들은 이 문제를 두고 신중하게 상의했다. 마침내 장군들은 조조의 명령 없이 행동하는 것은 좋지 않다는 결론을 내렸고 하후연은 이와 달리 즉각 행동해야 한다고 했다. 그는 이렇게 말했다. "조공曹公은 지금 이곳에서 왕복 12킬로미터에 달하는 업鄴에 계시니 명령을 기다리는 중에 강서의 군대가 이미 마초에게 패할지도 모릅니다. '전장에서는 아무리 군주의 명령이라도 때로는 따르지 않아도 된다將在外 君命有不受'고 하지 않습니까? 당장 가서 그들을 지원해야 합니다."

그래서 하후연은 장합張郃에게 기병 5천 명과 보병을 인솔해 진창의 지름길로 마초를 추격하라고 명했다. 그리고 자신은 뒤에서 군량을 호송하며 지휘를 맡았다. 마초가 도망가면서 버린 많은 군용 물자는 모두 장합의 전리품이 되었다. 하후연이 도착하자 마초와 함께 반란에 참여했던 각 현들은 모두 투항했다.

# 호랑이 두 마리가 싸우면
# 한쪽은 반드시 다친다

兩虎相鬪 必有一傷(양호상투 필유일상)

인상여가 말했다. "진秦 왕王의 위세가 아무리 대단하다 해도 나는 진나라 조정에서 그를 큰소리로 꾸짖고 그의 신하들에게 모욕을 주는 것이 전혀 두렵지 않네. 비록 내 재능이 미천하기는 하나 그런 것 때문에 염 장군을 두려워한다고 생각하면 오산이네. 나는 강대한 진나라가 조趙나라를 침략하지 않는 이유는 바로 나와 염 장군이 있기 때문이라고 생각하네. 그런데 만약 그 호랑이 두 마리가 다툰다면 분명 둘 다 살아남기는 힘들 것이지. 그래서 내가 이렇게 하는 것이라네. 국가의 안위가 개인의 원한보다 앞서지 않겠는가?"

―――――――――

전국 시대, 조 혜문왕惠文王은 지용을 겸비하고 수차례 국가를 위해 재능을 발휘하고 공을 세운 인상여를 상경上卿에 봉했다. 이로써 인상여는 대장군 염파廉頗보다 관직이 높아졌다. 염파는 이에 화가 나서 말했다. "만약 밖에서 그를 만나면 반드시 모욕하겠어."

이 이야기는 인상여의 귀에도 들어갔다. 그러나 인상여는 화를 내지 않을 뿐만 아니라 여러 방면에서 양보하며 되도록 염파와 만나는 것을 피했다. 하루는 인상여가 마차를 타고 외출했는데 멀리서 염파의 마차가 빠른 속도로 달려오는 것이 보였다. 그는 즉각 마차를 멈추게 하고 마부에게 근처의 골목에 잠깐 피했다가 염파가 지나가면 그때 가자고 했다. 인상여 수하의 하인과 수행원은 이러한 인상여의 행동에 불만이 가득했다. 자신들의 주인이 염파를 두려워해서 피하는 거라고 생각한 것이다.

그들이 인상여에게 이유를 묻자 인상여는 크게 웃었다. 그는 '두 마리 호랑이가 다투면 반드시 한쪽은 다친다兩虎相鬪 必有一傷'라는 이치를 설명하며 나라의 이익을 생각해서 개인적 원한은 따지지 않겠다고 말했다. 하인들은 그런 인상여의 말을 듣고 감동해 마지않았다. 그러나 염파는 더욱 더 교만해져만 갔다.

이때 우경虞卿이라는 사람이 이 사실을 알고는 몰래 조 왕의 동의를 얻고 염파를 만나러 가서 인상여가 그를 피한 사실과 이유를 말해 주었다. 염파는 이 말을 듣고 몹시 부끄러워하며 윗옷을 벗고 형장을 등에 인 채 인상여의 집 앞으로 찾아가 용서를 빌었다. 두 사람은 마음이 잘 맞아 그 후에 문경지교刎頸之交가 되었다.

삼국 시대, 하북河北을 통치하던 원소袁紹가 세상을 떠나자 그의 부인 유씨와 책사 심비審配, 봉기逢紀는 원소의 셋째 아들 원상袁尚을 대사마에 봉해 익翼·청青·유幽·병幷의 네 개 주를 통치하게 했다. 그러자 원소의 장남 원담袁譚이 이에 불만을 품고 원상과 한 번 결판을 내고자 했다.

바로 그때 조조가 승세를 몰아 여양黎陽을 공격했다. 전투에서 대패한 원담은 하는 수 없이 원상에게 구원을 요청했다. 원상은 고작 병사 5천 명을 보냈을 뿐이며 그나마 가는 도중에 조조의 군대를 만나 전멸하고 말았다. 그 후 원상은 더는 증병하지 않았다. 내심 조조의 손을 빌려 형을 제거하고 싶었던 것이다. 한편 원담은 홧김에 조조에게 항복할 생각이었다.

그 소식이 익주翼州에 전해지자 원상은 형이 조조에게 항복한 후에 다시 자신을 공격해올까 두려워 친히 군대를 이끌고 여양으로 원담을 구원하러 갔다. 원담은 이에 크게 기뻐하며 조조에게 투항하지 않기로 마음을 고쳐먹었다.

얼마 후 원희袁熙, 고간高干도 병사를 이끌고 여양성 아래에 도착했다. 이렇게 네 개 부대가 모두 모였지만 여전히 조조의 상대가 되지 않았다. 여양성은 결국 조조의 손에 들어갔다. 원씨 형제와 고간은 성을 버리고 익주로 가서 성을 수호했고, 원희와 고간은 성 밖에 하채下

寨하고 협공 대형을 이루었다.

　　그러자 조조의 군대는 연일 공격을 해도 별다른 효과를 보지 못했다. 이때 책사 곽가郭嘉가 조조에게 잠시 사태를 지켜보자고 제의했다. "원소는 장남을 버리고 어린 아들을 추대했고 원담과 원상은 비슷한 세력을 가지고 저마다의 도당이 있으니 성급하게 공격했다가는 함께 단결해 우릴 막을 것입니다. 그러나 잠시 공격을 늦추고 사태를 관망한다면 그들 간에 분명히 쟁탈이 벌어질 것입니다. '호랑이 두 마리가 싸우면 한 쪽은 반드시 다친다兩虎相鬪, 必有一'고 하지 않습니까? 그들이 서로 싸우고 있을 때 공격한다면 하북을 단숨에 손에 넣을 수 있습니다."

　　조조는 이 말에 일리가 있다고 생각해서 가신賈信에게 여양을 지키게 하고 자신은 관도官渡를 지켰다. 그리고 대군을 이끌고 형주荊州로 진격해 마치 유표劉表를 공격하는 것처럼 가장했다. 사태는 곽가가 예측했던 것과 똑같이 흘러갔다. 조조가 철수한 지 얼마 지나지 않았는데 원담과 원상은 크게 다퉜다. 결국 원담이 원상을 이기지 못하고 조조에게 구원을 요청했다. 조조는 이 기회를 놓치지 않고 북상해 먼저 원상과 원희를 치고 다음으로는 원담과 고간을 쳐서 단숨에 하북 지역을 평정했다.

# 힘은 산을 뽑고
# 기개는 세상을 덮는다

力拔山兮氣蓋世(역발산걸기개세)

이때 항우는 감정이 북받쳐 시를 한 수 읊었다. "그 힘이 산을 뽑을 정도이고 영웅의 기개는 세상에 하나뿐이네. 시운도 따르지 않고 추마도 더는 달리지 않네. 추마가 달리지 않으니 어쩌나? 우희야, 우희야, 어찌해야 되겠는가?" 항우가 몇 번 반복해서 노래를 부르자 미인 우희는 옆에서 장단을 맞췄다.

---

항우는 대장 항연項燕의 후대로 어려서부터 학문에는 흥미가 없어 검술을 배웠는데 그것도 열심히 하지 않았다. 그의 숙부인 항량이 이에 화를 내자 항우가 말했다. "글은 자기 이름 석 자를 쓸 정도만 배우면 되고 검술은 개인을 상대하는 것이니 배울 필요가 없다고 생각합니다. 저는 적 만 명과 싸워 이길 수 있는 능력을 배우고 싶습니다."

그래서 항량은 항우에게 병법을 가르쳤다. 항우는 기뻐했지만 이번에도 역시 대강의 의미만 파악하려 할 뿐 깊이 파고들어 연구하지는 않았다. 22~23세가 된 항우는 체격이 우람하고 힘이 장사여서 100근의 무게도 단숨에 들어 올릴 정도였다. 항우는 후에 병사를 일으켜 진나라에 대항했고 이어서 유방과 천하를 두고 싸웠다. 24세부터 팔 년 동안 전장에서 용감하게 싸웠지만 그도 결국은 해하垓下에서 유방에게 포위되었다. 한 시대를 주름잡던 영웅은 막다른 골목에 몰려 『해하가垓下歌』를 소리 높여 부르며 오강烏江에 뛰어들어 죽었다.

─────── ❈ **지혜가 꼬리를 무는 역사 이야기** ❈ ───────

여포呂布는 삼국 시대에 아주 유명한 무장이다. 여포는 용맹하고 전투에 능해서 사람들은 이렇게 그를 표현했다. "사람은 여포가 최고이고 말은 적토마가 최고다."

여포도 '역발산걸기개세力拔山乞氣蓋世'의 용맹함이 있었지만 그의 운명은 온통 가시밭길이었다. 그는 병주幷州 자사 정원丁原을 의부로 모시다가 후에는 동탁의 휘하로 들어갔다. 동탁이 세상을 떠나고 욱 개월이 지나 예전의 부하들이 경성을 공격했다. 여포는 다시 원술袁術에게 의탁하려 했으나 원술은 여포가 믿음직스럽지 못하다는 이유로 그를 거절했다. 그래서 여포는 원소袁紹를 찾아가 그에게 의탁했다. 다행히도 원소는 그를 받아주었고 여포는 그와 함께 상산常山의 장연張燕을 쳤다.

그러나 얼마 지나지 않아 원소의 의심을 산 여포는 다시 장양張楊에게로 갔다. 장양은 그를 받아 주었으나 후에 이각李傕이 장양에게 여포를 죽이라고 해서 장막張邈에게로 갔다. 그리고 얼마 지나지 않아 비어 있는 것이나 다름없던 연주州를 손에 넣고 복양濮陽마저 차지하면서 그 위세를 널리 떨쳤다.

그러나 곧 조조가 군사를 이끌고 와서 여포의 근거지인 소패小沛를 점령했다. 그런데 강직하고 자기 고집이 강한 여포는 책사 진궁陳宮의 말을 잘 듣지 않았다. 그래서 결국은 부하인 후성侯成·송헌宋憲·위속魏續이 반란을 일으켰고 조조에게 잡혀 백문루白門樓 아래서 최후를 맞이했다.

# 백 번 쏘아
# 백 번을 다 맞힌다

百發百中(백발백중)

초楚나라 양유기養由基는 활쏘기에 능했다. 백보 밖에서 버드나무 잎을 쏴도 백발백중이었다.

---

옛날 초나라에 활을 잘 쏘기로 유명한 양유기라는 사람이 있었다. 그는 100걸음 떨어진 곳에서 넓이 1센티미터에 길이 3.3센티미터 정도밖에 되지 않는 버드나무 잎에 활을 쏴도 쏘는 족족 명중해 백발을 쏘면 백 발을 모두 맞췄다. 그래서 많은 궁수가 그를 찾아와 가르침을 구했다.

한번은 초 왕이 전장에서 진晉나라의 대장에게 화살을 맞아 부상을 입었다. 초 왕은 양유기에게 화살 두 대를 주며 자신을 맞춘 대장을 쏘아 맞히라고 했다. 양유기는 힘껏 활시위를 당겨 화살 하나로 상

6장. 힘은 산을 뽑고 기개는 세상을 덮는다

대를 명중시켰다.

또 한번은 양유기가 활쏘기 시범을 보이는 데 수천 명이 구경을 나와서 큰 갈채를 보냈다. 자신감에 넘쳐 있는 그에게 한 사람이 말했다. "잘하는군. 활쏘기를 가르쳐도 되겠어." 이 말에 화가 난 양유기는 활을 바닥에 내팽개치고 화살을 쥐며 말했다. "당신이 얼마나 대단하기에 나를 가르치겠다는 거요?" 그러자 그 사람이 대답했다. "당신에게 어떻게 왼팔을 곧게 펴고 활을 지탱하는지, 오른팔을 어떻게 구부려 활시위를 당기는지를 가르치겠다는 것이 아닙니다. 당신은 백 걸음 떨어진 곳에서 버드나무 잎에 활을 쏴도 백 번을 쏘아 백 번을 모두 맞출 수 있을 테지요. 그러나 활시위를 충분히 당기지 않고 멈춰버리면 금세 힘이 빠지고 피곤하여 활을 제대로 잡지 못하니, 화살이 곧게 나가지 않거나 한 발이라도 명중하지 않는다면 백 발 모두 무효입니다."

양유기는 그 사람이 자신에게 아주 중요한 가르침을 주었다는 것을 깨닫고 크게 감사해 했다.

### 지혜가 꼬리를 무는 역사 이야기

한漢나라 때 비장군飛將軍이라고 불린 이광李廣은 한때 우북평右北平에 주둔했다. 그 일대에는 호랑이가 자주 출몰했다. 마침 이광은 '백발백중百發百中'의 활솜씨를 자랑하는 장수였고 화살 하나로 호랑

이를 명중시키기도 했다. 한번은, 그가 병영으로 순찰 나갔다가 밤이 깊어서야 돌아왔다. 그는 병사 몇 명을 데리고 작은 숲 속으로 들어갔다. 한참을 걷다가 이광이 고개를 드니 어렴풋이 맹호 한 마리가 버티고 선 것이 보였다! 그는 급히 활을 빼들고 혼신의 힘을 다해 시위를 당겼다. 시위를 떠난 화살은 맹호의 몸에 명중했다.

그가 호랑이를 명중시킨 것을 보고 수하 병사들이 뛰어가 보려고 했지만 이광은 맹호가 아직 죽지 않아 병사를 헤칠까 걱정스러워서 바로 손짓을 해 병사들을 인솔하고 그곳을 떠났다. 이튿날 그는 지난밤에 갔던 그 숲으로 다시 갔다.

그곳에 가까이 다가갔을 때 그는 자기도 모르게 멍해지고 말았다. 지난밤에 이광이 쏜 것은 호랑이가 아니라 커다란 돌이었던 것이다! 화살은 돌 깊숙이 박혀 있었다. 몇 사람이 달려들어 뽑으려 해도 뺄 수가 없었다. 가까이 다가가 그것을 본 이광 자신도 전혀 이해가 되지 않았다. 화살이 어떻게 돌을 뚫고 박혔을까?

이광은 활을 쐈던 거리를 재고 그 자리에서 돌을 향해 화살을 몇 개 더 쐈다. 그러나 화살은 돌에 충돌하며 불꽃을 일으킬 뿐 돌을 뚫고 박히지는 못했다.

# 지나간 일을 잊지 말고
# 훗날의 스승으로 삼자

前事不忘 後事之師(전사불망 후사지사)

옛말에 지나간 일은 잊지 말고 훗날의 스승으로 삼으라 했다. 그래서 군자는 더더욱 나라를 다스리는 데 상고의 역사를 고찰하고 당대의 상황을 검증하고 세상의 일을 통해 이를 한층 더 깊이 검토함으로써 흥망성쇠의 법칙을 터득해야 한다. 또한 형세에 적합한 책략을 사용하고 있는지 여부를 상세히 따져 보고 취사선택과 변화에 신중해야 한다. 그래야 국가가 안정될 수 있다.

---

진시황은 6국을 통일한 후에도 계속해서 강압 정치를 시행했다. 남벌이 성공을 거두자 점령한 지역을 모두 중국 영토에 편입시켰고 북벌과 서벌도 가는 곳마다 손쉽게 승리를 거두었다. 그러나 그는 영원히 현지 민족을 정복할 수는 없었다. 그래서 진시황은 이들 민족이

중국을 습격하는 일을 방지하고자 당시 중국 북방에 산개해 있던 각 지역의 성벽을 연결해서 거대한 장성을 축조했다.

물론 이 거대한 건축 사업과 끊이지 않는 대외 정벌 비용은 모두 가혹한 세금으로 충당하고 있던 터라 진시황은 자국에서도 민심을 얻지 못했다. 반란으로도 진시황의 폭정을 잡을 수 없자 사람들은 어떻게든 암살을 시도했다. 그러나 이 노력들도 모두 실패로 돌아갔다.

기원전 210년, 진시황이 갑작스런 병으로 세상을 떠나고 그의 작은 아들 호해胡亥가 황위를 물려받아 진 이세에 등극했다. 하지만 진 이세는 진시황과 달리 능력이 부족해서 즉위 후 각지에서 반란이 일어났고 결국 황제가 된 지 사 년만에 목이 잘리고 말았다. 궁궐은 소각되었고 진 왕조는 완전히 망해 버렸다.

사마천은 진 이세의 망국에서 교훈을 얻어 "지나간 일을 잊지 말고 훗날의 스승으로 삼자前事不忘 後事之師"며 역사적 교훈의 중요성을 강조했다.

## 지혜가 꼬리를 무는 역사 이야기

춘추 시대 말기, 책사 장맹담張孟談은 이미 조赵 양자襄子의 정치적 지위를 공고히 하고 국토를 개척했으며 전답 제도를 개혁하는 성과를 이룩했다. 그는 선왕 조 간자簡子가 세운 치국의 이치를 높이 찬양하며 관직에서 물러나겠다고 했다. 조 양자는 이 말을 듣고 몹시 불쾌해하며 말했다. "국왕을 보좌하는 사람은 반드시 빛나는 이름이 있어야 하고 나라를 위해 큰 공을 세운 사람은 존귀한 지위가 있어야 하네." 이에 장맹담이 말했다. "대왕께서 말씀하신 것은 성공을 칭송하신 것이고 제가 말씀드린 것은 치국의 이치입니다. 현재와 과거의 사실에 근거해 볼 때 천하에 가장 아름다운 것들은 변함이 없는 것 같습니다. 만약 신과 국왕의 권력이 평등하다면 가장 아름답겠지만 이런 일은 한 번도 없었습니다. 지나간 일을 잊지 말고 훗날의 스승으로 삼아야 합니다前事不忘 後事之師. 대왕께서 이 점을 새기지 않으신다면 저도 더는 도와드릴 방도가 없습니다."

이야기를 마친 장맹담은 씁쓸한 마음으로 사직 의사를 밝혔다. 조 양자는 이에 동의한 후 삼 일 동안이나 앓아누웠다. 누군가가 장맹담을 거들며 조 양자에게 말했다. "좌사마는 나라의 이익과 안정을 위해 개인의 목숨이나 안전 따위는 돌보지 않고 충심을 다했으니 이젠 그냥 보내주십시오." 그러자 조 양자가 말했다. "그럼 자네가 장맹담의 직책을 대신하도록 하게."

인생의
무기가
되는
사기

7

배수진을 치고
죽음을
담보하고
싸우다

# 힘찬 활에서 쏘아진 화살도
# 끝에는 힘이 약해진다

强弩之末(강노지말)

게다가 힘찬 활에서 쏘아진 화살이라도 끝에는 노魯나라에서 생산한 가장 얇은 비단조차도 뚫지 못한다. 아래에서 위로 부는 강한 바람도 마지막에는 기러기 털을 날릴 힘조차 없다.

---

한漢 건원建元 6년(기원전 135년), 무안후武安侯가 재상으로 한안국韓安國이 어사대부御使大夫로 있을 당시에 흉노가 화친을 요구하자 황제는 대신들과 이 문제를 상의했다. 여러 차례 변경에서 근무해 흉노의 사정을 비교적 잘 알고 있던 연燕나라 출신 왕회王恢가 말했다. "흉노는 화친을 맺어도 몇 년 지나지 않아 이를 어길 것이 분명하니 차라리 거절하고 출병해 싸우는 것이 나을 듯합니다."

그런데 한안국은 국가의 현황을 고려해 흉노와 화친해야 한다고 끝까지 주장했다. 그가 말했다. "400킬로미터 밖까지 나가 전쟁을 하려면 군대에 좋을 것이 없습니다. 현재 흉노는 전마가 충분해 침략할 마음만 먹으면 단숨에 우리나라로 치고 들어와 그 기세를 막기 힘들 것입니다. 그런데 우리 한나라는 수천 킬로미터 밖까지 원정을 가야 하니 틀림없이 병사와 말이 지칠 것입니다. 힘찬 활에서 쏘아진 화살이라도 끝에 가서는 노나라에서 생산한 가장 얇은 비단조차도 뚫지 못합니다. 아래에서 위로 부는 강한 바람도 마지막에는 기러기 털을 날릴 힘조차 없다고 하지 않습니까? 전쟁보다는 화친이 낫습니다." 대신들은 한안국의 관점에 동의했고 황제는 흉노와 화친을 하기로 했다.

─── ❈ **지혜가 꼬리를 무는 역사 이야기** ❈ ───

동한東漢 영제靈帝 중평中平 5년(188년), 양주涼州 반란의 주동자인 왕국王國이 병사를 이끌고 진창陳倉으로 와 성을 포위하고 공략했다. 이에 조정은 황보숭皇甫嵩을 좌장군으로 임명해 그를 토벌하라고 보냈다. 전장군前將軍(대장군 아래 일곱 장군 중 하나로 후장군後將軍·우장군右將軍·좌장군左將軍 등이 있음) 동탁은 하루 빨리 공격할 것을 주장했지만 황보숭은 진창이 비록 규모는 작아도 방어가 견고한데다 준비가 철저해서 공략하기 쉽지 않을 것이라고 말했다. 또한 왕국의 병력이 막강하긴 하지만 오래도록 성을 공략하지 못하면 반드시 병사들이 지칠 것이니 그

해이해진 틈을 타 공격하면 분명히 승리를 거둘 수 있다고 말했다.

장기전에 돌입하자 왕국은 역시 버티지 못했다. 왕국의 병사들은 이미 '강노지말強弩之末'의 상태가 되어 결국 포위를 뚫고 도망쳤다. 황보숭은 명령을 내려 이를 추격하게 했다. 그때 동탁董卓이 반론을 폈다. "추격해서는 안 되오. 병법에서 궁지에 몰리면 필사의 힘으로 싸운다고 했소. 아직 기력이 남아 있는 상태로 돌아가는 사람들을 궁지로 몰아서는 안 되오. 지금 우리가 추격하려는 왕국의 군대가 바로 궁지에 몰린 쥐 아니오!" 황보숭도 지지 않고 이에 반박했다. "당신의 말도 맞소. 나는 애초에 출병을 반대했소. 적의 무서운 기세를 피하고 싶었기 때문이라오. 그러나 지금 우리는 적의 기력이 쇠할 때까지 기다렸다가 간신히 도망치는 적을 추격하려 하오. 다시 말하면 우리가 추격하려는 것은 지치고 무력해진 병사들이지 자신의 나라로 돌아가려는 일반 백성이 아니란 뜻이오. 게다가 왕국의 군대는 이미 투지를 상실하고 혼란한 상태요. 궁지에 몰려 필사적으로 싸우려는 사람이 아니란 말이오."

결국 황보숭은 혼자서 군사를 이끌고 나가 맹렬히 추격했고 마침내 적군을 대파했다.

# 배수진을 치고
# 죽음을 담보하고 싸우다

背水一戰(배수일전)

한신은 병사 만 명을 선발 부대로 정형구井陘口에 보내 강물을 등지고 전투하는 진을 폈다. 조군은 멀리서 이를 보고 웃음을 그치지 못했다. 동이 틀 무렵, 한신은 대장의 깃발과 의장을 앞세우고 북을 울리며 정형구를 출발했다. 조군은 군영 밖으로 나와 한군과 오랫동안 격전을 벌였다.

---

한신이 조왕 헐歇을 공격할 때 부대는 협소한 산 입구를 지났는데 이곳이 바로 정형구이다. 조왕 수하에 있던 책사는 정형구를 막고 동시에 지름길로 병사를 보내 한군의 군량 보급선을 차단해야 한다고 주장했다. 그러면 한신의 원정 부대가 후방의 지원이 끊긴 상태에 놓이니 반드시 패하고 돌아갈 것이라는 계산이었다. 그러나 대장 진여

는 수적 우세를 믿고 한군과 정면 대결을 하자고 주장했다.

　한신은 이 소식을 듣고 매우 기뻐했다. 그는 정형구에서 30리 떨어진 곳에 몰래 부대를 주둔시키고 한밤중이 되어서 경기병 2천 명을 지름길로 은밀히 진격하게 해 조군이 군영을 떠나자마자 신속하게 그들의 진영을 공격해 한군의 깃발을 꽂으라고 했다. 그리고 다른 한편으로는 일부러 병사 1만여 명을 강가에 배치해 조군을 유인했다. 날이 밝자 한신은 군사를 이끌고 진격했고 두 곳에서 모두 격전이 벌어졌다.

　얼마 지나지 않아 강가에서 싸우던 한군은 일부러 지는 척을 했다. 그러자 조군은 사기가 올라 병영을 비워둔 채 모든 병사가 한군을 추격하기 시작했다. 이때 한신은 주력부대를 출동시켰다. 그리고 배수진을 치고 싸워 퇴각로가 없는 병사들은 다시 적군을 향해 사납게 달려들었다.

　조군은 승리를 거둘 수가 없었다. 게다가 그들이 막 병영으로 돌아가려고 할 때 자신들의 병영에서 한군의 깃발이 휘날리는 것을 보고는 사방으로 뿔뿔이 흩어져 도망치기에 바빴다. 한군은 앞뒤에서 협공을 가해 조군을 철저히 무너뜨렸고 저수泲水 연안에서 조왕 헐을 생포했다.

『삼국연의三國演義』에 강유姜維가 배수진을 펼쳐 왕경王經을 물리친 이야기가 나온다. 이는 '배수일전背水一戰'의 재현이라 할 수 있다.

사마사司馬師가 병사한 후에 사마소司馬昭는 대장군 녹상서사錄尚書事로서 주로 외교 사무를 처리했다. 강유는 사마사가 막 세상을 떠나고 사마소가 권력을 가지게 된 지 얼마 지나지 않았으니 낙양을 쉽게 떠나지 못하리라 생각하고 이 기회를 틈타 중원中原을 공격하려고 했다.

강유는 군대 오만을 이끌고 원정을 갔고 위 옹주雍州(지금의 산시시안西安) 자사 왕경王經과 정서장군 진태陳泰는 전방에서 전투가 벌어지고 있다는 소식을 들었다. 왕경은 먼저 기병과 보병 칠만 명을 이끌고 응전했다. 그리고 강유는 장익張翼, 하후패夏侯覇에게 임기응변을 지시하고 자신은 대군을 이끌고 조수洮水에 배수진을 쳤다. 왕경은 수적인 우세로 강유를 밀어붙인 후에 조수에서 전멸시킬 계획이었다.

그러나 강유는 마치 왕경의 마음을 이미 읽어내기라도 한 듯이 몇 차례 교전을 벌이고 위군의 진을 보고는 바로 도망쳤다. 이에 왕경은 어찌할 바를 몰라 병사들에게 동시에 공격하라고 했다. 강유는 병사를 이끌고 조수 안변까지 퇴각해 장군들에게 말했다. "형세가 이렇듯 급박하니 모두 힘내시오." 강유의 말에 퇴각로가 없다는 것을 깨달은 장군들은 필사의 힘을 다해 위군을 공격했다. 결국 왕경은 더 버티지 못하고 크게 패했다. 이때 이미 준비를 마친 장익과 하후패는 지름길로 질러가서 왕경의 퇴각로를 막고 그 부대를 포위했다. 결국 왕경은 기병 100명만 인솔하고서 겨우 포위망을 뚫고 도망갔다.

# 땅에 선을 그리고
# 감옥으로 삼다

畵地爲牢(화지위뢰)

맹호가 심산에 살 때는 모든 짐승이 그를 두려워한다. 그러나 일단 함정에 걸려들거나 우리에 갇힌 맹호는 꼬리를 흔들면서 먹이를 구한다. 이것은 인간이 부단히 위력을 발휘해 이를 제압하고 복종시킨 결과이다. 그러므로 선비는 땅에 선을 그려 놓았을 뿐인 감옥이라 해도 절대 그 안에 들어가면 안 되며 나무를 깎아 만든 가짜 옥리 앞이라도 절대 심문에 답해서는 안 된다. 이것은 일찍이 마음을 정했기 때문에 태도가 이토록 분명한 것이다.

---

임안任安은 자는 경卿이고 서한西漢 형양滎陽 사람이다. 한 무제 시절에 익주益州 자사와 북군사자호군北軍使者護軍 등을 지냈다. 정화征和 2년(기원전 91년), 여태자戾太子가 반란을 일으켜 강충江充을 죽이는

7장. 배수진을 치고 죽음을 담보하고 싸우다

사건이 벌어졌는데 당시 임안은 태자의 출병 명령에도 꼼짝하지 않았다. 그 후 임안은 사태를 수수방관했다는 죄명으로 감옥에 갇히고 허리가 잘리는 형벌을 받아 죽고 말았다.

임안은 태시太始 4년(기원전 93년) 4월 5일에 사마천에게 이런 편지를 썼다. "사물을 대할 때는 신중을 기하며 현명한 자를 진사에 천거하는 것이 의무라 가르치라." 같은 해 11월, 사마천은 임안에게 답장을 썼다. 사마천은 편지에 자신이 궁형을 받은 사연과 당시의 심정을 적어 보냈다.

"선비는 땅에 선을 그려놓았을 뿐인 감옥이라 해도 절대 그 안에 들어가면 안 됩니다. 저는 궁형을 받으면서도 죽음을 택하지 않고 살아남았지요. 『사기』를 완성하기 위해서였습니다. 저는 이를 통해 천도와 인간사의 규칙을 발견하고 과거에서 현재까지의 역사 발전 과정을 탐구하고 학설을 세울 것입니다. 제가 감옥에서 받았던 모욕은 이로써 모두 보상받으리라고 생각합니다."

───── ❈ **지혜가 꼬리를 무는 역사 이야기** ❈ ─────

삼국 시대, 공손찬公孫瓚은 원소와 사이가 좋지 않았다. 두 사람은 계교界橋에서 한 판 대결을 펼쳤는데 공손찬이 패했다. 그리고 후에 다시 수차례 교전했지만 모두 공손찬이 패배했다. 공손찬은 두려운 마음이 들어 역경易京에 높은 성을 짓고 숨어 살았다. 성문은 철로 견고하게 만들고 사람을 불신해 곁에 있는 시종마저 쫓아냈다. 또 일곱 살 이상의 남자는 역경성 출입을 금지하고 첩들만 남겨 자신의 시중을 들게 했다. 공손찬은 시종들에게 말을 할 때는 반드시 목소리가 몇백 걸음 떨어진 곳까지 들릴 수 있도록 큰 소리로 말하라고 명령했다. 그리고 항상 시종들을 통해 지시 사항을 전달했다.

누군가가 공손찬에게 그 이유를 물었더니 그는 이렇게 대답했다. "병법에 망루가 백 개면 굳이 공격할 필요가 없다는 말이 있소. 지금 내 수하의 각 병영에는 망루가 천 리에 걸쳐 있고 비축된 군량도 300만 석에 달하오. 이 정도면 가만히 앉아 형세를 관찰해도 되지 않겠소?"

건안建安 3년(198년), 원소는 공손찬에게 대공세를 시작했다. 원소가 계속해서 압박해 들어오자 공손찬 부대는 날로 상황이 악화되어 결국 후퇴해서 삼 층짜리 보루를 짓고 그 곳을 수비했다.

그러나 이런 '화지위뢰畵地爲牢'의 전략은 오래 지속될 수 없었다. 여러 차례 공격해도 별 효과가 없자 원소는 땅굴을 파고 진격해 들어갔다. 성으로 돌아간 공손찬은 이미 패색이 짙었다고 판단하고, 누이와 동생, 처자식을 모두 목매달아 죽이고는 자신도 뒤따라 분신했다. 막 성에 들어간 원소의 병사가 이를 보고 황급히 망대에 올라 공손찬을 참수했다.

# 세 가지 법으로
# 처벌한다

約法三章(약법삼장)

유방은 각 현의 부로와 덕망이 높은 인사들을 불러 말했다. "부로들께서는 진나라의 가혹한 법령에 그동안 고생이 많으셨습니다. 조정을 비판하면 멸족을 하고 모여서 대화를 나누기만 해도 사형에 처했습니다. 저와 제후들이 약속을 하나 했습니다. 누구든 관중關中에 먼저 도착하는 사람이 왕이 되기로 말이지요. 그래서 가장 먼저 도착한 제가 관중의 왕이 된 것입니다. 지금 제가 부로들 앞에서 세 가지 법령만 약조드리겠습니다. 살인한 자는 사형에 처하고 남에게 상해를 입힌 자와 남의 물건을 훔친 자는 법에 따라 죄를 물을 것입니다."

---

진秦나라 말기 진 이세는 어리석고 무능한데다 간신 조고를 신임했다. 그의 폭정에 백성들은 하루도 편히 살 수 없었고 여기저기서

평민 기의가 발생했다. 각지에서 일어난 수많은 의군 중에서 유방과 항우는 초 회왕 군대 소속이었다. 초 회왕이 유방과 항우에게 말했다. "누구든 먼저 관중에 입성하는 사람이 왕이 될 것이다." 그래서 유방과 항우는 각자 군사를 이끌고 서로와 북로로 출발했다.

가는 도중에 유방은 아무런 저항 세력도 만나지 않아 기원전 206년에 진군을 무찌르고 순조롭게 진의 수도인 함양에 도착했다. 유방은 입성한 후에 함양의 귀중한 보석을 비롯해 궁전과 창고 등 전부를 봉해 보관해 두고 파상까지 퇴각했다.

유방은 규율을 엄격히 하고 민심을 안정시키고자 각 현의 부로와 호걸을 불러 진 이세의 가혹한 형벌을 폐지하고 새로운 법을 시행하겠다고 선포했다. "진나라의 가혹한 법령에 그동안 고생이 많으셨습니다. 저와 제후들이 약속을 하나 했습니다. 누구든 관중에 먼저 도착하는 사람이 왕이 되기로 말이지요. 그래서 가장 먼저 도착한 제가 관중의 왕이 된 것입니다. 지금 제가 부로들 앞에서 세 가지 법령만 약조 드리겠습니다. 살인한 자는 사형에 처하고 남에게 상해를 입힌 자와 남의 물건을 훔친 자는 법에 따라 죄를 물을 것입니다."

유방의 조치는 관중 백성들의 커다란 지지를 받았고, 모든 관리가 전처럼 일했으며 백성도 이를 기뻐했다. 사방에서 패공이 관동關東으로 돌아오면 우리 백성은 호시절을 보낼 수 있다는 말이 떠돌았다.

명나라의 척계광戚繼光은 중국 역사상 군대를 엄격히 통치하기로 유명한 명장이다. 그는 부하들에게 '약법삼장約法三章'을 내걸었다. "상을 받아 마땅하다면 설사 원수라 해도 공에 따라 상을 내릴 것이며 어려움이 있으면 서로 도울 것이다. 군령을 위반하면 친자식이라 해도 법에 따라 처벌할 것이며 사적인 정에 얽매여 비호하지 않을 것이다."

척계광이 하북에서 장성의 방어를 맡고 있을 때, 어느 겨울에 첩자가 변방에서 타안부朵顏部의 기병이 철문관鐵門關을 침입하려고 한다는 정보를 보내왔다. 당시 척계광의 아들인 척위국戚衛國도 군에 있었다. 척위국은 장수들이 모두 출병하는 것을 보고 자신도 적과 싸우겠다고 고집을 피웠다. 당시 척위국은 13세의 어린 나이였으나 아주 영리했으며 무술 실력도 상당했다. 단점이 있다면 아직 한 번도 전투에 참여한 경험이 없다는 것이었다. 척계광은 아들이 고집을 부리자 하는 수 없이 아들과 함께 동산東山 입구에 매복했다.

척계광이 예측한 대로 타안朵顏 기병은 철문관에서 패배하자 모두 동산 입구로 도주했다. 왕장군과 척위광은 대포 소리가 울리면 병사를 이끌고 타안 기병이 가는 길을 막기로 했다. 기병 대장은 사정이 여의치 않다는 것을 알고 이를 악물고 칼을 휘두르며 척위광을 향해 달려들었다. 척위광은 아직 어린데다 첫 전투인 탓에 적이 무서운 기세로 달려들자 당황해서 넋을 놓고 보고만 있었다! 기병 대장은 결국 포위를 뚫고 도망치는 데 성공했다.

척계광은 척위국이 적장을 놓쳤다는 소식을 듣고 당장 명을 내려 아들을 참수했다. 다른 장군들이 아무리 사정해도 척계광은 군법대로 상벌을 분명히 해야 한다고 고집했고 척위국은 결국 군법에 따라 처형되었다.

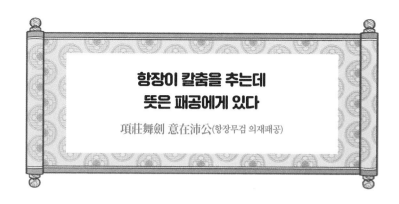

# 항장이 칼춤을 추는데
# 뜻은 패공에게 있다

項莊舞劍 意在沛公(항장무검 의재패공)

항장이 검을 뽑아 들고 춤을 추기 시작했다. 항백項伯(항량)도 검을 뽑아 춤을 추며 때때로 패공을 엄호해 항장은 패공을 죽일 수가 없었다.

---

함양에 입성한 후에 유방은 항우와 직접 충돌을 피하고자 홍문연에 참석해 선물을 바쳤다. 항우는 유방과 장량의 공을 치하하려고 연회를 연 것이었으므로 유방의 장수 번쾌樊噲는 군장 밖에 머물게 했다. 술을 마실 때 유방은 겸허한 태도로 항우에게 말했다. "제가 함양을 점령한 후에 대왕이 오시기만을 기다렸습니다. 왕이 되려는 욕심따위는 없습니다. 그러니 이 점만은 안심하십시오."

항우는 유방의 겸허한 태도와 진심 어린 말투에 당장 유방을 죽이겠다는 생각을 버렸다. 곁에 있던 모사 범증은 항우가 계속 행동에 나서지 않자 몇 번이나 암시를 했다. 그러나 항우는 못 본 척 무시해 버렸다. 그래서 범증은 천막 밖으로 나가 항우의 동생인 항장에게 말했다. "어서 들어가 검무로 흥을 돋우시다가 유방을 죽이세요."

항장은 허리에 차고 있던 보검을 빼들고 장막 안으로 들어가 말했다. "대왕과 제후들의 흥을 돋우고자 제가 검무를 한 번 추겠습니다." 말을 마치고 검무를 추기 시작한 항장은 계속해서 유방을 죽일 기회를 엿보았다. 이에 장량과 교분이 있어 유방을 죽게 놔두고 싶지 않았던 항우의 당숙 항량이 몸을 일으켜 항장과 어울려 검무를 추며 유방을 보호했다.

장량은 유방이 위험하다는 것을 감지하고 황급히 천막 밖으로 나가 맹장 번쾌를 불러들여서 유방을 보호하게 했다. 검과 방패를 든 번쾌는 자신을 막아서는 호위병을 재빠르게 몇 명 눕히고 연회 장소로 들어가 유방을 보호했다. 오래 머물 곳이 못 된다고 판단한 유방은 조용히 빠져나와 번쾌와 함께 자신의 군영으로 돌아왔다.

───── ✦ **지혜가 꼬리를 무는 역사 이야기** ✦ ─────

24년 봄, 유수는 용병 10만 명을 거느린 진정왕眞定王 유양劉揚을 복종시키고자 하북으로 갔다. 그러자 유양은 유수에게 조건을 하나 내걸었다. 유수가 그의 외손녀 곽성통郭聖通과 혼인하면 출병해서 도와주겠다는 것이었다. 그래서 유수는 곽성통을 아내로 맞이했고 곽성통은 곧 아들을 낳았다. 아들을 낳은 데다 당시 유양의 세력이 막강해, 곽성통은 유수가 왕이 된 후 건무建武 원년(25년) 6월에 정식으로 황후에 봉해졌고 아들 유강劉彊은 태자에 책봉되었다. 그리고 본처인 음려화陰麗華는 귀인이 되었다. 그 후 음려화도 아들을 낳았고 이름은 유양劉陽이었다.

얼마 후 진정왕 유양이 반란을 계획하다 주살당했는데 유수는 곽성통을 즉각 처벌하지 않았다. 하지만 커다란 위협을 느낀 곽성통은 종일 근심에 싸여 있었다. 유수는 때를 놓치지 않고 자주 불만을 터뜨렸고 마침내는 덕이 부족하다는 이유로 곽성통을 폐출하고 음려화를 황후에 책봉했다.

유수의 의도는 다른 곳에 있었던 것이다項莊舞劍 意在沛公! 질운掃報은 그런 유수의 의도를 잘 알고 있었다. 질운은 먼저 곽성통의 둘째 아들 유보劉輔를 중산왕中山王에 책봉하고 중산왕의 봉지를 늘려 주었다. 그리고 유강劉彊에게 자진해서 태자 자리를 양보해 줄 것을 진심으로 간언했다. 이에 유강은 재차 부왕에게 태자 자리를 양보하겠다는 의사를 전했고 다른 사람을 통해서도 황제를 설득했다. 유수는 일단 한 번 거절한 후에 그의 청을 받아주기로 하고 건무 19년(43년)에 유강을 동해왕東海王에 봉하고 유양을 황태자에 책봉했다.

# 가난하여
# 돈이 한 푼도 없다

不名一錢(불명일전)

장공주 유표劉洋가 등통鄧通에게 재물을 하사했는데 관리들이 즉각 이를 몰수해 비녀 하나조차 몸에 지닐 수 없었다. 그래서 장공주는 등통에게 입을 것과 먹을 것을 주라고 명했다. 그래서 등통은 죽을 때까지 돈 한 푼 손에 쥐지 못하고 남의 집에서 기식했다.

───────────────

한 문제 시절, 궐내에서 임금이 타는 어선御船을 젓는 등통이라는 사람이 있었다. 하루는 문제가 밤에 꿈을 꾸었는데 그는 꿈속에서 하늘로 올라가려고 했지만 도무지 올라갈 수가 없었다. 이때 머리에 노란 모자를 쓴 사람이 나타나 그의 뒤에서 밀어 줘서 마침내 하늘로 올라갈 수 있었다.

이튿날 문제는 어선의 선원 가운데 지난 밤 꿈속에서 봤던 사람을 보았다. 그를 불러 이름을 물었더니 등통이라고 했다. 문제는 그를 매우 아꼈고 그에게 촉군蜀郡 엄도嚴道의 동광銅鑛 하나를 하사하고는 그에게 직접 화폐를 주조하도록 허가했다. 그 후 등통은 큰 부자가 되었다.

문제가 세상을 떠난 후에 즉위한 경제景帝 유계劉啓는 등통을 파직하고 그에게 고향으로 돌아가 조용히 살라고 했다. 얼마 지나지 않아 등통이 돈을 주조해 경외로 빼돌린다고 누군가가 고발을 했다. 이에 경제가 등통의 재산을 전부 몰수해 등통은 한순간에 알거지가 되었을 뿐만 아니라 빚더미에 앉게 되었다.

경제의 누나인 장공주는 등통을 굶어 죽게 해서는 안 된다는 아버지 문제의 유언에 따라 그에게 재물을 약간 하사했다. 그러나 관리들이 이를 즉각 압수해 빚을 청산하는 데 썼다. 그래서 그의 수중에는 돈 한 푼 남지 않았다. 이 소식을 들은 장공주는 그에게 입을 것과 먹을 것을 가져다주라고 했다. 그래서 등통은 돈 한 푼 손에 쥐지 못하고 남의 집에서 죽을 때까지 기식하며 살았다.

--------- ❈ **지혜가 꼬리를 무는 역사 이야기** ❈ ---------

청나라 말기에 유학에서 돌아오던 손중산孫中山은 도중에 무창武昌 총독부를 지나다가 호광湖廣 총독總督 장지동張之洞을 방문하고자 했다. 그는 문지기에게 "학자 손중산이 지동 형을 뵙고자 한다."는 쪽지

를 건네고 문 앞에서 기다렸다.

　　장지동이 매우 불쾌해하며 누가 왔냐고 묻자 문지기는 선비 한 명이 와 있다고 답했다. 그러자 장 총독은 필기도구를 꺼내 글을 한 줄 써서는 문지기에게 전하라고 주었다.

　이름뿐인 유생이 일품관을 만나러 와서
　감히 호형호제하는구나.

　　이는 손중산을 '불명일전不名一錢'의 학생이라 무시하며 자신과 동등한 입장이 될 수 없다는 뜻이다. 손중산은 엷은 미소를 지으며 다음 구를 달았다.

　천 리 길을 가, 책 만 권을 읽고 왔으니
　가난한 선비도 왕후가 될 수 있구나.

　　장지동은 이를 보고 깜짝 놀라 얼른 손중산을 불러서 재기 넘치는 선비를 만났다.

7장. 배수진을 치고 죽음을 담보하고 싸우다

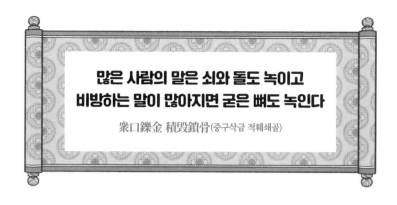

많은 사람의 말은 쇠와 돌도 녹이고
비방하는 말이 많아지면 굳은 뼈도 녹인다

衆口鑠金 積毀鎖骨(중구삭금 적훼쇄골)

깃털은 가볍지만 많이 모이면 배를 가라앉히고 물건이 아무리 가벼워도 많이 실으면 차축이 부러질 수 있습니다. 많은 사람의 말은 쇠와 돌도 녹일 수 있고 비방하는 말이 많아지면 생존까지도 위협할 수 있다고 했습니다. 그러하니 대왕께서 신중하게 확실한 전략을 수립하시기 바라옵니다. 그리고 저의 사직과 위나라를 떠나는 것을 허락해 주십시오.

---

기원전 329년, 진秦 왕은 장의張儀의 의견을 수용하여 막강한 군사력으로 위나라를 정벌해 대승을 거두고 장의를 재상에 임명했다.

위나라는 패전의 대가로 상도上都 18현을 할양해 화의를 했지만 마음속으로는 도무지 이 상황을 인정할 수가 없었다. 그래서 외교적으로는 진을 두려워했지만 계속해서 합종 연맹에 동참했다. 이에 장의와 공자 화華는 기원전 325년에 다시 한 번 위나라를 공격하여 포양蒲陽·소량小梁 등 지역을 빼앗았다.

그 후 장의와 재상 공손연公孫衍 사이에 의견 차이가 생겼다. 공손연은 불만을 품은 자가 있으면 공격해야 한다고 했고 장의는 강경책과 회유책을 동시에 쓰면서 상대를 설득하는 연횡책을 추진해야 한다고 주장했다.

진秦 혜문왕은 장의의 의견을 수용해 장의를 선두에 세워 포양·소량·상군을 제외하고 그 전에 얻은 분음汾陰·피씨皮氏 등지를 위나라에 돌려주기로 했다. 또 위와 우호 관계를 희망하며 공자 요繇를 위나라에 인질로 보내겠다고 했다. 그러나 위나라는 영토를 돌려받은 것에 감사하며 인질은 받지 않았다. 장의는 두 나라 사이에서 각자의 의견을 절충했고, 결국 위나라는 진나라를 완전히 신뢰하게 되어 장의로 하여금 위나라 재상을 겸임하게 하고 싶다는 의사를 밝혔다.

'중구삭금衆口鑠金'은 바로 장의가 위 왕을 설득할 때 한 말이다. 장의는 진으로 돌아가 혜문왕에게 상세히 보고했고 이 일이 성사된 후 사 년 동안 위나라 재상을 맡았다. 장의가 위나라 고관으로 정책 결정에 참여함으로써 위나라는 진나라와 매우 친밀한 관계가 되었고, 위나라에서 연횡 동맹과 합종 파괴를 위한 회의가 진행되었다. 이 모든 것은 진나라의 뒤를 따른 것이었다. 장의는 진나라와 위나라의 관계를 개선하는 기초를 세우고 기원전 319년에 진나라로 돌아와 혜문왕을 보좌하며 국정을 도왔다.

한번은 주周 경왕景王이 큰 종을 주조하려고 하는데 단목공單穆公이 여러 이유를 대며 이를 반대했다. 그러나 경왕은 이 말을 듣지 않았다. 종이 다 만들어진 후에 악관이 경왕에게 종소리가 아주 듣기 좋다고 말했다. 그러자 경왕은 다른 사람들이 종소리가 듣기 좋다고 했다고 자랑하며 주구州鳩에게 의견을 물었다. 주구가 대답했다.

"뭐라고 말씀드려야 할지 모르겠습니다."

경왕이 재차 이유를 묻자 주구가 대답했다.

"대왕께서 악기를 만드셨으면 마땅히 백성과 함께 즐길 수 있어야 비로소 조화롭다고 할 수 있습니다. 그런데 지금은 재물을 소진하고 백성을 힘들게 하여 누구 하나 조정을 탓하지 않는 사람이 없습니다. 신하된 도리로 어찌 이를 조화롭다 할 수 있겠습니까? 백성이 좋아하는 일을 해서 실패한 적이 없고 백성들이 싫어하면 일을 해서 성공한 적이 없습니다. 그래서 옛말에 그러지 않던가요? 많은 사람의 의지가 모여 성을 만들고 여러 사람의 말이 쇠도 녹인다고요衆口鑠金. 대왕께서 화폐와 종을 주조하신 지난 삼 년간 백성들의 원성이 온 나라에 자자했습니다. 신이 생각하건대 이 두 가지 일은 반드시 근절해야 합니다."

경왕은 이듬해 죽었다. 그 종소리는 결국 경왕이 편안한 날을 보내게 해 주지 못했다.

# 터럭만큼만 틀려도
# 천 리 차이가 난다

失之毫釐 差以千里(실지호리 차이천리)

『춘추』에 따르면 군주를 시해한 사건이 모두 36건이고 멸망한 국가가 52개국 제후가 도망가서 국가를 지키지 못한 사례는 부지기수다. 반란이 일어나고 나라가 멸망에 이르게 되는 원인을 살펴보면 결국 입국 입신의 근본을 상실하고 대의를 잊은 탓이다. 그래서 『역경』에서는 터럭만큼만 틀려도 천 리 차이가 난다고 했다.

---

사마천은 『사기』의 집필을 마치고 이 책의 개황概況을 설명하고자 특별히 『태사공자서』를 썼다.

『태사공자서』에서는 주로 사람 됨됨이와 처세의 원칙과 관점을 논했다. 대인 관계나 일 처리에서 조금이라도 실수가 있으면 상상도 하지 못할 만큼 끔찍한 결과를 초래할 수도 있다. 사마천은 『춘추』에서 신하가 군주를 시해한 것이 36번, 멸망한 국가가 52개국, 제후가 도망쳐 종묘사직을 지키지 못한 사례는 부지기수라고 했다. 이런 결과를 초래한 이유를 분석해보면 대개 근본을 잃은 탓이다. 그래서 터럭만큼만 틀려도 천 리 차이를 만든다는 말이 나온 것이다.

신하가 군주를 시해하고 아들이 아버지를 죽이는 것은 아무 이유 없이 갑자기 발생하는 것이 아니다. 이는 오랜 준비와 치밀한 계획을 통해 일어난다. 그러므로 군자로서, 신하로서, 아버지로서, 아들로서 반드시 『춘추』를 이해해 간신과 반역자를 가려내고 직책에 충실하며 일의 경중을 알며 의와 효를 중시하고 예법을 준수해야 한다.

── ❀ **지혜가 꼬리를 무는 역사 이야기** ❀ ──

춘추 시대, 초楚나라가 송나라를 습격하려고 준비하고 있었다. 초는 옹하呂河를 건너고 지름길을 가로질러 가서 송나라가 방심한 틈을 타 단숨에 승리를 거머쥐려는 생각이었다.

초나라는 치밀한 계획을 세운 후에 우선 옹하변에 사람을 보내 수심을 계량하게 하고 수심이 낮은 곳에 표시를 해두었다. 강을 건널 때 그 표시에 따라 대군이 안전하고 순조롭게 강을 건너려 한 것이었다.

그런데 옹하의 물이 갑자기 불어났다. 초나라 사람들은 이런 상황을 전혀 예상하지 못했다. 군대가 옹하를 건너려고 하는데 전에 세워둔 표시는 이미 사라지고 없었다. 게다가 깜깜한 밤이라서 병사들과 말 상당수가 물에 빠지고 회오리에 말려들었으나 안타깝게도 손을 쓸 방법이 없었다.

당황한 초군은 옹하변에서 발만 동동 구르며 우왕좌왕했다. 칠흑 같은 어둠 속에서 사람과 말의 고함 소리만 가득해 그 일대는 정말 혼란하기 그지없었다. '실지호리 차이천리失之毫釐 差以千里'라는 말이 있듯이 초군은 자신들의 작은 실책으로 수천 명을 수장시키는 엄청난 대가를 치러야 했다. 다행히 목숨을 건진 병사들도 계속 전진할 수가 없어 되돌아와야 했다.

## 천하를
## 내 집으로 삼는다

四海爲家(사해위가)

소하가 대답했다. "천하가 아직 안정을 찾지 못했습니다. 그러므로 현 상황을 고려해 궁전을 축조하셔야 합니다. 다시 말해서 대왕께서는 천하가 모두 나의 집이라고 생각하셔야 합니다. 웅장하고 화려한 궁궐이라야 대왕의 위세를 표현할 수 있습니다. 그래야 후대에서 감히 이를 능가하지 못할 것 아니겠습니까?"

---

진나라가 멸망한 후에 한 고조 유방은 초패왕 항우와의 대결에서 승리해 황제가 되었고 수도를 장안長安으로 옮겼다. 그러나 유씨劉氏 정권 초기에는 천하가 태평하지 못했다. 다른 성씨의 제왕들이 각지에 병사를 거느리고 있어서 시시각각 반란을 도모한 것이다. 서한 왕조 건립에 큰 공을 세운 일부 장군들까지도 틈만 나면 반란을 일으

키려고 했다. 뿐만 아니라 6국의 잔여 세력도 재기를 꿈꿨다. 흉노족의 침략에 대한 걱정, 동성의 제왕에게서 비롯한 재난 등 모든 것이 잠재적인 위험 요소였다. 유방은 동서를 종횡무진하며 반란을 진압하면서 나라를 세우는 것의 어려움을 실감했다.

기원전 199년에 한 고조 유방은 반란을 평정하고 장안으로 돌아왔다. 이때 재상 소하가 명령을 내려 미앙궁未央宮을 지었다. 축조된 궁전은 상당히 웅장하고 화려했다. 동쪽에는 창룡각蒼龍閣, 북쪽에는 현무궐玄武闕, 그리고 전전前殿과 무고武庫와 태창太倉 등이 있어야 할 것은 모두 완비되었다.

막 돌아온 한 고조 유방은 장중하고 화려한 궁전을 보고는 갑자기 벌컥 화를 내며 소하를 질책했다. "천하가 혼란하고 수년간 힘든 전쟁이 지속되었소. 게다가 누가 마지막 승자가 될지 아직 알 수 없는 상황이오. 그런데 이렇게 화려한 궁전을 짓다니 너무 심한 것 아니오?"

소하가 대답했다. "바로 천하가 아직 혼란하기 때문에 이런 궁전을 지은 것입니다. 게다가 천자께서 온 천하를 소유하게 될 것이니, 장엄하고 화려하지 않은 궁전으로 어찌 천자의 위풍을 나타낼 수 있겠습니까? 좀 더 화려하게 함으로써 후대에도 이를 절대 능가할 수 없게 해야지요." 한 고조 유방은 이 말을 듣고서야 화를 풀었다.

정관貞觀 초년, 당 태종은 고사렴高士廉 등에게 사족士族(문벌이 높은 가문)의 족보를 집필하라고 명했다. 고사렴 등은 태종이 족보를 편집하라고 시킨 의도를 알아차리지 못하고, 관중의 신흥 사족의 지위를 높이려고 『씨족지氏族志』에서 남북조 이래의 전통에 따라 산동 사족 최崔·노盧·이李·정鄭 등의 성씨를 1등으로 올렸다. 이를 본 당 태종은 크게 화를 내며 관직의 고하에 따라 다시 순서를 정하게 했다. 그래서 이 씨가 제일 앞이고, 황후 가족인 장손 씨가 두 번째, 세 번째는 최씨였다.

한번은 당 태종이 연회석상에서 산동 사람과 관중 사람을 비교했는데 여전히 마음속에 족보 사건의 앙금이 남아 있는 것 같았다. 그의 말투에서는 관중 사람이 산동 사람을 무시해도 된다는 뜻이 드러났다. 대신 장행성張行成이 당장 무릎을 꿇고 아뢰었다. "천자께서는 '사해위가四海爲家'이신데, 사람을 대할 때 동서의 지역 차이가 있어서야 되겠습니까? 이렇게 하시면 속이 좁다는 인상을 남기실 것입니다."

이 말을 들은 태종은 무언가 깨달은 바가 있었다. 자신은 공정함을 지키는 데 최선을 다한다고 생각했지만 그래도 여전히 편파적이었던 것이다. 태종은 장행성의 말에 동의하며 그 후로는 중대한 정사를 처리할 때마다 그의 의견을 물었다.

자공子貢은 말 네 필이 끄는 마차를 타고 제후를 방문해 속백束帛(나라 사이에 서로 방문할 때 공경의 뜻으로 보내던 물건으로, 비단 다섯 필 양 끝을 각각 마주 말아 한데 묶었다)을 선물했다. 그는 제후에게 빈주賓主의 예를 다했을 뿐 군신의 예를 행하지는 않았다.

---

자공의 성은 단목端木이고 이름은 사賜이며, 춘추 시대 말기 위나라 사람이다. 그는 노나라와 위나라에서 관리를 지낸 적이 있고 언변에 능하며 특히 외교 활동에 남다른 재능 있었다. 그는 공자의 지도하에 성공한 외교관이다.

노魯 애공哀公 6년(기원전 489년), 공자와 그의 제자들이 진陳나라에서 단식을 하자 자공은 초 소왕昭王에게 공자와 그의 제자들을 받아

달라고 설득해 위기에서 구해 주었다. 이듬해 오나라는 노나라에 소, 양, 돼지 등 가축 100마리를 징수했고, 노나라 계강자季康子에게 회맹을 요청했다. 계강자는 자공을 보내 이 요구를 취소해 달라고 오나라를 설득하게 했다. 기원전 484년, 오나라는 제나라를 멸망시켰고 오왕은 노나라의 숙손씨叔孫氏에게 갑옷과 검 등을 하사했다. 이에 숙손씨가 당황해서 어찌할 바를 몰라 하자 자공이 나서서 원만하게 사태를 해결했다.

기원전 483년에 노, 위 등의 왕이 오나라 왕을 만나러 왔다. 오나라가 위후衛侯를 억류하자 이번에도 자공이 나서서 오나라 태재太宰를 설득하고 위후를 석방했다. 기원전 480년에 제나라와 노나라는 회맹을 맺었고 그는 제나라를 설득해서 성지成地를 돌려 주었다. 이러한 자공의 외교 업적은 초 소왕과 계강자 등에게 높은 평가를 받았다.

자공은 공자를 스승으로 모시기 전에 장사를 했던 터라 공자의 제자 중에서 가장 부유했다. 그는 관아의 명령을 받지 않고 관청의 재물도 쓰지 않고 오직 자신의 재산만으로 제나라와 노나라 일대에서 장사를 했다. 자공은 시세에 밝아 물건을 매매해야 할 시기를 잘 알았다. 그는 도주공陶朱公(춘추 전국 시대 월나라 재상 범려의 또 다른 이름)보다도 부유했다. 또한 그가 가는 곳에는 분쟁이 없었다. 자공은 공자의 학설을 널리 알리고 다녔고 공자와 함께 여러 나라를 주유하면서 경제적인 도움을 주었다.

한 무제 연간, 조정은 통치상의 편의를 위해 부유하고 권세 있는 세도가를 섬서 무릉茂陵으로 이주시켰다. 하내지河內世(지금의 난지위엔南濟源) 거족巨族(거가대족巨家大族의 준말로 대대로 번창한 집안) 곽해郭解는 대장군 위청을 통해 한 무제에게 이주를 사면해 달라고 부탁했다. 이에 한 무제는 이렇게 말했다. "한낱 평민에 지나지 않는 곽해가 대장군을 통해 진언을 올리다니 그의 세력이 상당하다는 것을 미루어 짐작할 수 있구나." 그래서 그는 곽해를 이주자 명단에서 빼주지 않았다.

곽해가 떠나던 날 그를 배웅하러 나온 사람의 수는 수천 명이었고 받은 선물은 천만 냥에 달했다. 그리고 곽해를 이주시켜야 한다고 주장했던 양현연楊縣椽은 어느 날 밤 쥐도 새도 모르게 이유 없는 죽음을 당하고 말았다. 관중에 도착한 곽해는 며칠 지나지 않아 관중 최고의 유명 인사가 되었고 강호 사람 관청 사람을 막론하고 모두 앞 다투어 그와 사귀고 싶어 했다. 이때 양현연의 부친 양계주楊季主가 아들의 복수를 하겠다고 결심했으나 오히려 피살당하고 말았다. 그래서 양가 사람들이 대거 나서서 장안으로 가서 고발했지만 그들조차도 영문을 모르게 죽음을 당했다.

상황이 여기까지 가자 한 무제는 즉각 곽해를 체포하라는 명을 내렸다. 이 사건을 맡은 관리가 곽해의 고향에 도착했는데 현지 사람들은 모두 그를 칭찬했다. 그 중에서 유일하게 그를 욕한 유생 한 명은 그날 죽음을 당했다. 결국 수사하러 간 관리는 무제에게 곽해는 죄가 없다고 보고했다. 어사대부 공손홍公孫弘이 말했다. "곽해는 누가 그 사람을 죽였는지 모른다고 하지만 그는 평민의 신분으로 그토록 큰 권력을 가지고 사소한 원한으로 사람을 마음대로 죽였습니다. 그 죄는 직접 살인한 것보다 더 나쁘고 대역죄에 해당합니다."

이 말은 한 무제를 일깨웠다. 큰 이상을 품고 있던 무제는 자신의 제국에서 이런 사람과 '분정항례分庭抗禮'할 생각이 없었으므로 곧바로 곽해 가족 전부를 주살했다.

# 이익을
# 함께 나누다

分一杯羹(분일배갱)

한 왕 유방이 말했다. "나와 항우는 신하로서 함께 초 회왕의 명령을 받고 의형제를 맺었네. 그러니 나의 아버지는 그대의 아버지이기도 하네. 그런데도 그대가 나의 아버지를 삶겠다면 나에게도 그 국물을 한 그릇 나누어 주기 바라네."

---

기원전 203년에 항우가 부하 장군 조구曹咎에게 성고成皐의 방어를 맡기고 자신은 팽월彭越을 치러 갔다. 동쪽에서 한참 승전보를 올리던 항우는 성고가 함락되었다는 소식을 듣고 서쪽의 한 왕을 막기 위해 급히 성고로 달려갔다. 초나라와 한나라 양군은 광무廣武에서 대치하게 되었다.

군사력으로 따지면 초군이 한 수 위였지만 전체적인 형세로 말하자면 정반대였다. 한군은 병사와 군량이 황하를 따라 관중에서 끊임없이 공급되었지만 초군은 후방의 보급선이 팽월에서 단절되었던 것이다. 그래서 항우는 속전속결로 이 전투를 하루빨리 끝내고 싶었지만 유방은 성과 보루를 굳게 지키고 움직이지 않았다. 항우는 팽월 전투에서 생포한 유방의 아버지 태공太公을 높은 대에 올리고 사람을 시켜 유방에게 전했다. "즉각 항복하지 않으면 태공을 삶아 죽이겠다."

그러나 유방은 전혀 동요하지 않고 오히려 침착하게 말했다. "과거에 나와 그대는 초 회왕의 신하로서 의형제를 맺은 바 있소. 그러니 나의 아버지는 그대의 아버지이기도 하오. 그런데도 나의 아버지를 삶겠다면 나중에 나에게도 그 국물을 한 그릇 주길 바라오."

항우는 화가 났지만 항량의 말을 들어보니 태공을 죽이는 것이 전세에 아무런 도움도 되지 않겠다는 생각이 들어 그냥 포기해 버렸다. 광무에서 대치 상태가 수개월에 달하자 초군은 어느새 군량이 바닥났다. 이때 한신이 제나라에서부터 초군을 공격해 나갔다. 항우는 두려운 마음에 그 해 12월에 유방과 화의를 맺고 홍구鴻口를 경계로 서쪽은 한나라가, 동쪽은 초나라가 갖기로 하고서 유방의 부모와 처자식을 돌려보냈다.

———— ❀ **지혜가 꼬리를 무는 역사 이야기** ❀ ————

명나라 때 장거정張居正이 재상에 오르자 그와 같은 해에 과거에 급제한 동료들이 문턱이 닳도록 그의 집을 찾았다. 그가 권력의 중심에 있으니 '분일배갱分—杯羹' 할 수 있을 거라는 계산이었다.

장거정은 가정嘉靖 26년(1547년)에 진사가 되었다. 보통, 같은 해에 과거에 급제한 사람을 동과同科 혹은 동년同年이라고 하는데 이 관계는 매우 중요한 인맥을 형성한다. 장거정의 친구 가운데는 시인 강도곤江道昆도 있었다. 그는 당시 호북湖北에서 순무를 지내고 있었다. 장거정은 그의 부탁을 받고 그를 병부 좌시랑左侍郞으로 발령을 냈다. 정 3품에서 종 2품으로 승진을 한 것이다!

상경한 후에 장거정은 강도곤에게 변경 시찰 임무를 맡겼다. 시를 즐겨 쓰던 강도곤은 도착하는 곳마다 우선 현지의 문인들을 불러 모아 문학을 토론하고 연구했다. 삼 개월간의 시찰을 마치고 북경으로 돌아온 강도곤은 세심하게 다듬은 문장으로 상주서를 작성해 시찰 상황을 보고했다. 게다가 자신의 재능을 과시하려고 특별히 문학적인 용어를 더하기도 했다.

그러나 장거정은 그런 강도곤이 현실적이지 못하다고 판단해 그를 파면했다.

초판 인쇄  2022년 6월 20일
초판 발행  2022년 6월 25일

편저자      김세중
펴낸이      김상철
발행처      스타북스
등록번호    제300-2006-00104호
주소        서울시 종로구 종로 19 르메이에르종로타운 B동 920호
전화        02) 735-1312
팩스        02) 735-5501
이메일      starbooks22@naver.com
ISBN        979-11-5795-651-7  03150